dtv

In einer Welt, die immer komplexer und schnelllebiger wird, sehnen sich immer mehr Menschen nach einem Gegenpol der inneren Ruhe und Kraft. Zen bietet einen Weg, der keine Kirchen und Freizeittempel braucht, um dies zu bewirken, sondern mitten im Alltag von den Fesseln der Gewohnheit zu befreien und Quellen der Lebensfreude zu erschließen vermag. Jean Smith hat in dem enormen Fundus an Zen-Literatur nach den Perlen gesucht, die einen sinnvollen Zugang erlauben. Sind die Texte auch kurz genug, um sie in wenigen Minuten zu lesen, so bieten sie doch genügend leuchtende Facetten, um einen den ganzen Tag über unterstützend zu begleiten. Die Weisheiten, Erzählungen, Koans, Gedichte und Lehrtexte führen Schritt für Schritt durch die wichtigsten Lehren des Zen wie Meditation, Achtsamkeit, Mitgefühl, Geistesruhe, Erkenntnis und das Erwachen. Sie helfen, sich Tag für Tag einem tieferen Verständnis zu öffnen.

Jean Smith ist Spezialistin für Buddhismus und hat bereits mehrere Bücher dazu veröffentlicht. Sie lebt in New York.

Dem Lauf des Wassers folgen

Zen-Meditationen

Herausgegeben von
Jean Smith

Aus dem Englischen von
Giovanni und Ditte Bandini

Deutscher Taschenbuch Verlag

Deutsche Erstausgabe
Oktober 2001
Deutscher Taschenbuch Verlag GmbH & Co. KG, München
www.dtv.de

Titel der amerikanischen Originalausgabe:
365 Zen. Daily Readings
HarperCollins Publishers Inc., HarperSanFrancisco, San Francisco 1999
ISBN 0-06-251602-7

Die Ausgabe erscheint in gekürzter Form.

Umschlagkonzept: Balk & Brumshagen
Umschlaggestaltung: ARTPOOL, München
Abbildungen innen: Sammlung J. E. V. M. Kingadō, S. 13, 43, 67, 87, 135, 151, 207; Freer Gallery of Art, USA, Seite 23, 105
Satz und Repro: Offizin Wissenbach, Höchberg bei Würzburg
Gesetzt aus der ITC Slimbach
Druck und Bindung: Druckerei C. H. Beck, Nördlingen
Gedruckt auf säurefreiem, chlorfrei gebleichtem Papier
Printed in Germany · ISBN 3-423-36247-2

Inhalt

Vorwort

Im Laufe seiner Geschichte ist der Buddhismus von einer Kultur in die nächste geflossen und hat sich dabei der Form des jeweiligen ihn aufnehmenden Gefäßes angepasst. So ansprechend dieses Bild ist, gibt es jedoch doch nur die halbe Wahrheit wieder: Denn während er sich in der Tat den verschiedenen kulturellen Formen anpasste, hat der Buddhismus gleichzeitig auch die Substanz seines jeweiligen Gefäßes transformiert. Nichtsdestotrotz sind die zentralen Lehrsätze, die sich zuerst in Asien ausbreiteten und seit einiger Zeit auch im Abendland mehr und mehr Anhänger finden, bemerkenswert konstant geblieben.

Der Buddhismus – der Dharma oder die Lehre des Buddha – entstand vor rund 2500 Jahren, als ein nordindischer Prinz, Siddhartha Gautama (gest. 5. Jahrhundert v. u. Z.), seine Tätigkeit als Wanderprediger aufnahm. Anders als die Stifter anderer Weltreligionen betrachtete sich der historische Buddha weder als einen Gott noch als Abgesandten einer Gottheit. Vielmehr verstand er sich lediglich als ein Lehrer, der vierzig Jahre lang »nur eines lehr[t]e: das Leiden und das Ende des Leidens«. Seine Lehre wurde von seinen Jüngern in ganz Indien verbreitet und weit darüber hinaus. Die älteste Tradition, der Theravada (»Lehre der [Ordens-]Ältesten«) fasste vor allem in Sri Lanka und Hinterindien Fuß. Eine zweite Hauptströmung, der Mahayana (das »Große Fahrzeug«), breitete sich – oft durch Kaufleute entlang der Seidenstraße – nach Norden und Osten aus und wurde mit der Zeit zur Grundlage der zwei anderen wichtigsten buddhistischen Schulen: des Zen und des tibetischen Buddhismus.

Auch wenn die ältesten chinesischen Übersetzungen der indischen Sutras oder Lehrreden des Buddha bereits Ende des zweiten Jahrhunderts u. Z. angefertigt wurden, erfolgte die legendäre Gründung des Ch'an (Zen) erst, als Bodhidharma um 520 u. Z. in China eintraf, eine denkwürdige Begegnung mit Kaiser Wu hatte und sich im Shaolin-Kloster niederließ, wo er sich der Erleuchtung durch die Meditation verschrieb. Überall in China ging der Buddhismus mit Konfuzianismus und Taoismus eine wechselseitig befruchtende Beziehung ein, die auch in Literatur und Kunst ihren Niederschlag fand. Aus diesen Anfängen entwickelten sich alle anderen primären Ausdrucksformen des Zen. Die Geschichte des Buddhismus in China ist so breit gefächert und so komplex, dass es schwierig ist, sich im Zusammenhang mit dem Zen auf die Nennung einiger weniger Namen zu beschränken. Fraglos müssen wir aus der Zeit der T'ang-Dynastie (617–907) so einflussreiche Gestalten wie Chih-i nennen, den Begründer der T'ien-t'ai-Schule; Fa-tsang, den Architekten der Hua-yen-Schule; Hui-neng, dessen ›Sutra vom Hohen Sitz‹ das Gesicht des Ch'an in Südchina für immer veränderte; und Lin-chi, den Stifter der nach ihm benannten Schule (japanisch Rinzai). Es folgte eine Periode politischer Unruhen, aus der Ch'an und T'ien-t'ai als die zwei größten verbleibenden Sekten hervorgingen. Buddhismus und Konfuzianismus hielten viele Jahrhunderte lang ein empfindliches Gleichgewicht der Macht zwischen sich aufrecht, bis 1951 die Kommunisten die Regierungsgewalt an sich rissen. Heute ist eine der führenden Gestalten des chinesischen Buddhismus die Nonne Cheng Yen, die 1966 in Taiwan die Wohltätigkeitsorganisation Tz'u-chi (»Barmherzige Hilfeleistung«) gründete.

In Vietnam haben indische Kaufleute den Buddhismus vermutlich bereits im dritten Jahrhundert v. u. Z. eingeführt, aber erst als das Reich im siebten Jahrhundert unter den Einfluss der chinesischen T'ang-Dynastie geriet, stieg der Buddhismus zur Staatsreligion auf. Jahrhundertelang bestanden zwischen dem chinesischen und dem vietnamesischen Buddhismus enge Beziehungen – selbst nachdem der mächtige König Tran-Nhan-Ton (1258–1308) eine eigene nationale Schule gegründet hatte. Trotz langer kommunistischer Unterdrückung sind heute vermutlich noch immer rund 80 Prozent der vietnamesischen Bevölkerung Buddhisten. Die bekanntesten vietnamesischen Zen-Buddhisten – allen voran der Mönch Thich Nhat Hanh und die Nonne Chan Khong – leben im Exil.

Die Form von Buddhismus, die im 7. Jahrhundert in Korea zur Blüte gelangte, war eine Mischung aus Konfuzianismus, Taoismus und chinesischem Buddhismus mit einer kräftigen Beigabe von einheimischem schamanistischem Gedankengut. In den folgenden Jahrhunderten entstanden weitere – zum Teil rein einheimische, zum Teil vom Ausland beeinflusste – Schulen, die sich in erster Linie dadurch voneinander unterschieden, dass sie jeweils das Studium der heiligen Texte oder die Meditationspraxis als vorrangig betrachteten. Eine Schlüsselfigur des koreanischen Buddhismus war Chinul (1158–1210), der nach dem Vorbild des chinesischen Ch'an den Son entwickelte und damit das Fundament zum modernen koreanischen Zen legte. Heute ist der im Westen bekannteste und einflussreichste koreanische Zen-Meister Seung Sahn, der seit 1983 über fünfzig Zentren seiner Kwan-Um-Schule gegründet hat.

Nach Japan gelangte der Buddhismus wahrscheinlich im 6. Jahrhundert u. Z. durch koreanische Einwanderer, aber sein eigentlicher Siegeszug begann erst, als der japanische Prinz Shotoku (576–622) ihn mit Konfuzianismus und der einheimischen animistischen *kami*-Verehrung kombinierte und diese Verbindung durch einen Erlass offiziell bestätigte. Er ließ Mönche und Nonnen sowie Baumeister aus Korea ins Land kommen, damit sie Tempel für diese »neue« Religion errichteten und darin den Kultdienst versahen. Auf diese Weise gelangten auch die chinesische Schrift und weitere Kulturelemente Chinas nach Japan. Die eigentlichen Begründer der Zen-Religion, wie sie heute in Japan existiert, traten allerdings erst mehrere Jahrhunderte später auf den Plan. Der Erste war Eisai Zenji (1141–1251), der 1168 und dann wieder 1187–1191 nach China reiste. Nach seiner Rückkehr führte er das Rinzai-Zen ein und wird daher als der Begründer des Zen in Japan betrachtet. Dogen Zenji (1200–1253) hielt sich von 1223 bis 1227 in China auf und gründete nach seiner Rückkehr die Soto-Sekte. Heute existieren in Japan noch 22 selbstständige Überlieferungslinien, aber diese beiden sind die mit Abstand größten und einflussreichsten.

In Europa begann man sich während der Aufklärung für den Buddhismus zu interessieren und dieses Interesse griff mit der Zeit auch nach Amerika über. Gelehrte und spirituelle Sucher forschten in indischen und fernöstlichen Texten und archäologischen Stätten nach einer Antwort auf ihre die Religion betreffenden Fragen. Zumindest einen Aspekt dieser »Antwort« stellte der Rinzai-Delegierte Soen Shaku im Jahre 1893 auf dem Weltkongress der Religionen vor; 1905 kehrte er in die USA zurück und nahm dort seine Lehrtätigkeit auf. Soen Shaku und drei seiner Schüler – Nyogen Senzaki, der in den zwanziger Jahren Zen-Gruppen in Kalifornien gründete; Sokeian, der 1930 in New York das erste Zen-Institut auf amerikanischem Boden gründete; und D. T. Suzuki, der in den fünfziger und sechziger Jahren dem Abendland das Zen durch seine Bücher nahe brachte – waren neben dem brillanten Meister Shunryu Suzuki, der in den sechziger Jahren wirkte, die japanischen Lehrer, die das Zen wirklich in den Westen verpflanzten.

Als das Zen den Westen – und da vor allem die Vereinigten Staaten – erreichte, nahm er abermals die spezifische Form seines neuen Gefäßes an. Und dieses Gefäß wies einige Beulen und Dellen auf, die in Asien bis dahin unbekannt gewesen waren. Erstens existierte die in Asien so fest etablierte Tradition eines durch die Laienschaft großzügig unterstützten monastischen Lebens im Abendland nur in sehr begrenztem Maße. Dementsprechend wird der Zen-Buddhismus im Westen in erster Linie durch Laien praktiziert, was einschneidende Auswirkungen auf die erforderlichen Institutionen gehabt hat. Darüber hinaus spielt die Frau im Westen eine diametral andere Rolle: Im Osten haben es Frauen im Buddhismus nie zu großem Einfluss gebracht, während Persönlichkeiten wie Jiyu Kennett Roshi, Maurine Stuart und Charlotte Joko Beck wichtige Lehrerinnen waren bzw. sind und bedeutende Zen-Zentren in den Vereinigten Staaten gegründet haben.

Was hat das Zen an sich, das über so viele Jahrhunderte hinweg so viele Anhänger fasziniert hat? Und ihm ermöglicht hat, so viele verschiedengestaltige Gefäße auszufüllen? Als Dogen das Zen als eine »von Worten unabhängige Übermittlung von Geist zu Geist« beschrieb, artikulierte er eine Erfahrung, die sich durch die Sprache nur unzureichend ausdrücken lässt. Die nichtbegriffliche, intuitive Einsicht in das Zen resultiert aus der Erfahrung, die wir persönlich mit ihm gemacht haben: vielleicht auch durch Zazen (Meditation), vielleicht durch die Arbeit an einem Koan (eine Geschichte, die die Gesetze der Logik sprengt), vielleicht auch durch die knappen Gedichte, die ein so beliebter Ausdruck dieser Erfahrung sind. Von allen diesen Dingen ist hier etwas zusammengetragen worden – nicht als tote Buchstaben ohne Bezug zum menschlichen Leben, sondern als leidenschaftliche Bekenntnisse zu einer zeitlosen Wahrheit.

JEAN SMITH

Anmerkung zu den verwendeten Schreibweisen: Im Allgemeinen wurde die in den jeweils zitierten Quellen verwendete Schreibung fremdsprachlicher Eigennamen und Termini unverändert übernommen. Sehr gebräuchliche Begriffe wie Dharma, Koan oder Roshi wurden einheitlich groß geschrieben. Bei wichtigen Persönlichkeiten wurde in eckigen Klammern der alternative japanische beziehungsweise chinesische Name nebst der Lebensdaten hinzugefügt. Auf die Verwendung von diakritischen Zeichen wurde verzichtet. Von allen wichtigen Zen-Meistern, die spätestens im 19. Jahrhundert geboren wurden, sind, sofern bekannt, die Lebensdaten angegeben worden.

Die Texte, die vor Druck bereits in deutscher Übersetzung vorlagen und mit freundlicher Genehmigung der jeweiligen Verlage hier abgedruckt sind, wurden der Einheitlichkeit halber in der neuen deutschen Rechtschreibung wiedergegeben.

Zen-Meditationen

Die Geburt ist wie eine Bootsfahrt. Du hisst die Segel und bewegst das Ruder. Obwohl du ruderst, fährt dich doch das Boot und ohne das Boot könnte niemand fahren. Aber du fährst in dem Boot und dein Fahren macht das Boot zu dem, was es ist. Durchdenke einen solchen Moment.

In einem solchen Moment gibt es nichts als die Welt des Bootes. Der Himmel, das Wasser und die Küste sind alle die Welt des Bootes, was nicht dasselbe ist wie eine Welt, die nicht die des Bootes ist.

Wenn du in einem Boot fährst, sind dein Körper und dein Geist und die Umgebung zusammengenommen die ungeteilte Aktivität des Bootes. Die ganze Erde und der ganze Himmel sind beides die ungeteilte Aktivität des Bootes. Ebenso ist die Geburt nichts als du; du bist nichts als die Geburt.

ZEN-MEISTER DOGEN (1200–1253)

Ein Mann ruderte an einem sehr nebligen Morgen sein Boot stromaufwärts. Plötzlich sah er ein anderes Boot stromabwärts kommen, das keine Anstalten machte auszuweichen. Es kam ihm genau entgegen. Er rief: »Vorsicht! Vorsicht!«, aber das Boot fuhr genau in seins hinein, das fast sank. Der Mann war außer sich und begann die andere Person anzuschreien, ihr gehörig die Meinung zu sagen. Aber als er genau hinschaute, sah er, dass in dem anderen Boot überhaupt niemand war.

THICH NHAT HANH

Vor langer Zeit sagte Descartes: »Ich denke, also bin ich.« Das ist der Beginn der Philosophie. Aber was, wenn du nicht denkst? Das ist der Beginn der Zen-Übung.

ZEN-MEISTER SEUNG SAHN

In den Koan-Aspekt der Zen-Praxis wurde ich von Nakagawa Soen Roshi eingeführt, als ich eines Abends mit ihm im Badehaus des Ryutaku-Klosters saß. Er erzählte mir von einer Bemerkung, die dem großen Staatsmann und Schwertmeister Yamaoka Tesshu zugeschrieben wird. In Tesshus Zeit, dem 19. Jahrhundert, begannen westliche Importartikel wie Seife traditionelle japanische Dinge wie Bimsstein allmählich zu verdrängen. Tesshu sagte: »Zen ist wie Seife. Erst wäscht man sich damit und dann wäscht man die Seife ab.«

ROBERT AITKEN

Es gibt einen einfachen Weg, ein Buddha zu werden: Wenn du dich unheilsamer Handlungen enthältst, weder an Geburt noch an Tod haftest und dich gegenüber allen empfindenden Wesen mitfühlend, gegenüber Älteren respektvoll und gegenüber Jüngeren freundlich verhältst, nichts ablehnst noch begehrst, weder Pläne schmiedest noch sorgenvolle Gedanken bewegst, wird man dich einen Buddha nennen. Strebe nach nichts anderem.

ZEN-MEISTER DOGEN (1200–1253)

Wie groß das Wissen eines noch so fortgeschrittenen Adepten auch sei – selbst wenn es reines buddhistisches Wissen in Form unmittelbarer Schau ist, nicht lediglich Gedachtes –, bleibt dieses Wissen doch ein blanker Spiegel. Ein Spiegel impliziert Abbild und Urform. Ein Spiegel lädt dazu ein, in ihn hineinzublicken. Es bleibt eine gewisse Dualität zurück. Einzig radikale Entsagung, vollkommenes In-die-Fremde-Ziehen, kann den Weg zu allbewusster Nichtzweiheit eröffnen. Dieser runde Spiegel aller Buddhas muss zerbersten und mit ihm das geistige Auge, das himmlische Auge und sogar das Auge der Weisheit. Dann gibt es kein gesondertes Organ des Sehens und Objekt des Sehens mehr.

LEX HIXON

Speisen haben viele Geschmäcke; welcher davon könnte als der eigentliche bezeichnet werden? Ebenso wie sich das Temperament der Menschen unterscheidet, so auch ihre Vorlieben. Manche Menschen mögen Süßigkeiten, manche mögen scharfe Speisen. Wolltest du behaupten, der Geschmack, den du magst, sei der Geschmack schlechthin, dann wärst du ein Narr. Genauso ist es mit den buddhistischen Lehren. Da sich die Neigungen der Menschen unterscheiden, kann es sein, dass eine bestimmte Lehre für einen bestimmten Menschen von besonderem Wert ist, aber klammert sich dieser an sie als die eine und einzige Wahrheit, unter Ausschluss aller anderen Lehren, wird sie zur Täuschung.

ZEN-MEISTER MUSO KOKUSHI (1275–1351)

Sag nicht, es sei für Laien, die in der Welt der Sinne und der Begierden leben, schwieriger, zu sitzen und zu meditieren, oder es sei schwierig, sich zu konzentrieren, wenn man viele weltliche Pflichten hat, oder jemand mit einem Amt oder einem Beruf könne nicht Zen üben oder die Armen und die Kranken hätten nicht die Kraft, am Weg zu arbeiten. Alle diese Ausreden rühren nur von einer Schwäche des Glaubens und einer Oberflächlichkeit des Erleuchtungsgedankens her.

Wenn man erkennt, dass Leben und Tod eine ernste Angelegenheit sind und dass die Welt wirklich vergänglich ist, dann beginnt der Wille zur Erleuchtung zu wachsen, das diebische Herz der Ichsucht, der Selbstbefasstheit, des Stolzes und der Begehrlichkeit stirbt mehr und mehr ab und man beginnt am Weg zu arbeiten, indem man das Sitzen praktiziert, in dem Prinzip und Tatsache eins sind.

Stell dir vor, du würdest dein einziges Kind in einer Menschenmenge verlieren oder einen unschätzbaren Edelstein fallen lassen: Meinst du, du würdest das Kind oder den Edelstein – nur wegen des Gedränges und des Pöbels – endgültig verloren geben? Würdest du dich nicht auf die Suche nach ihnen machen, auch wenn viel Arbeit auf dich wartete oder du arm oder krank wärest? Selbst wenn du in eine unüberschaubare Menschenmenge eintauchen und bis tief in die Nacht hinein suchen müsstest, wäre dein Herz nicht in Frieden, ehe du dein Kind oder deinen Edelstein nicht gefunden und gerettet hättest.

MAN-AN (17. JAHRHUNDERT)

Seht die Wolke, die in diesem Stück Papier schwebt. Wenn ihr genau hinschaut, werdet ihr sie sehen können. Ohne die Wolke wird kein Regen sein; ohne Regen können die Bäume nicht wachsen und ohne Bäume können wir kein Papier herstellen.

Für die Existenz des Papieres ist die Wolke wesentlich. Wenn die Wolke nicht ist, kann auch das Stück Papier nicht sein. Wir können also sagen, dass die Wolke und das Papier einander bedingen und durchdringen.

Betrachten wir dieses Stück Papier näher, so können wir auch den Sonnenschein darin sehen. Ist der Sonnenschein nicht da, kann der Wald nicht wachsen. Tatsächlich kann nichts wachsen. Und so wissen wir, dass auch der Sonnenschein in diesem Papier ist und dass sie sich wechselseitig bedingen und durchdringen. Und wenn wir weiter hinschauen, so sehen wir den Holzfäller, der den Baum fällt und ihn zur Mühle bringt, damit aus dem Baum Papier werden kann. Und wir sehen den Weizen. Wir wissen, dass der Holzfäller ohne sein tägliches Brot nicht leben kann, und daher ist der Weizen, der zu seinem Brot wurde, auch in diesem Stück Papier; ebenso wie die Mutter und der Vater des Holzfällers es sind.

Betrachten wir es in dieser Weise, so sehen wir, dass das Stück Papier ohne all diese Dinge nicht existieren kann. Schauen wir noch genauer hin, so sehen wir auch uns darin. Das ist nicht schwer zu verstehen, denn wenn wir ein Stück Papier betrachten, so ist es Teil unserer Wahrnehmung. Euer Geist ist ebenso darin wie der meine. Daher können wir sagen, dass alles in diesem Stück Papier enthalten ist.

THICH NHAT HANH

Verbirg dich
in jeglichem Ding!

SOIKU SHIGEMATSU (ÜBERS.)

Der Geist selbst ist der Buddha.
Übung ist schwierig. Erklärung ist nicht schwierig.
Nicht-Geist. Nicht-Buddha.
Erklärung ist schwierig. Übung ist nicht schwierig.

ZEN-MEISTER DOGEN (1200–1253)

Den Buddha-Weg zu studieren bedeutet, das Selbst zu studieren. Das Selbst zu studieren bedeutet, das Selbst zu vergessen. Das Selbst zu vergessen bedeutet, von einer Myriade von Dingen vergegenwärtigt zu werden. Wenn man von einer Myriade von Dingen vergegenwärtigt ist, fallen der eigene Körper und Geist sowie die Körper und Geister der anderen fort. Keine Spur von Erkenntnis verbleibt und diese Keine-Spur setzt sich unendlich fort.

ZEN-MEISTER DOGEN (1200–1253)

Der Buddha-Geist ist der Geist des Nicht-Wissens. Es ist der Geist des Einsseins – des vollkommenen Vertrautseins oder Gewahrseins des kosmischen Zusammenhangs aller Dinge, der wechselseitigen Durchdringung aller Dinge. Wenn wir Dinge vom Standpunkt des Buddha-Geistes aus wahrnehmen, sieht der Geist alle Dinge als eins. Wir können dieses Einssein erfahren, aber wir können es nicht verstehen, denn Verstehen setzt Trennung voraus. So gibt es im Zen viele Geschichten, in denen ein Mönch einen Meister fragt: »Was ist der Buddha?« In einer dieser Geschichten sagt der Meister etwa: »Der Geist ist der Buddha.« Später dann, wenn ein anderer Mönch zu demselben Meister kommt und fragt: »Was ist der Buddha?«, sagt der Meister: »Kein Geist, kein Buddha.« Der Geist ist nicht der Buddha. Immer und immer wieder lautet die Lehre des Zen, dass man das Einssein nicht verstehen kann.

SENSEI PAT ENKYO O'HARA,
Village Zendo, New York City

Vergleichen wir einmal die Zazen-Haltung mit Rodins berühmter Statue »Der Denker«. Es klingt gut, von »denken« zu sprechen, aber was »Der Denker« in Wirklichkeit vorführt, ist eine Haltung, in der man Wahnbildern nachjagt. Die Figur sitzt vornübergebeugt, mit vorgezogenen Schultern und eingeklemmter Brust. Die Arme und die Beine sind gebogen, der Nacken und die Finger sind gebogen und selbst die Zehen sind gebogen. Wenn unser Körper dermaßen verbogen ist, staut sich das Blut und wir verfangen uns in unserer Vorstellung und können uns nicht mehr daraus befreien. Wenn wir dagegen in Zazen sitzen, ist alles gerade – Rumpf, Rücken, Nacken und Kopf. Da unser Unterleib bequem auf fest verschränkten Beinen ruht, verlässt das Blut den Kopf und strömt in reichlicher Fülle zum Unterleib. Und genau weil das Blut vom Kopf hinab fließt, löst sich die Stauung, verringert sich die Erregbarkeit und wir hören auf, Fantasien und Wahnvorstellungen nachzujagen. Richtig Zazen üben bedeutet daher, die richtige Haltung einzunehmen und alles Übrige ihr zu überlassen.

ZEN-MEISTER KOSHO UCHIYAMA

Der Atem durchschneidet das Denken, weil wir loslassen müssen, um zu atmen. Die Macht des Atems ist größer als die des unterscheidenden Geistes ... Das Zählen der Atemzüge ist eine Methode, den Geist beschäftigt zu halten, so dass nicht er uns beschäftigt. Auch wenn wir »eins, zwei, drei« sagen, ist die eigentliche Sequenz nur »eins, eins, eins«. Sie ist nicht von Gedächtnis oder Bewusstsein abhängig. Auch wenn sie linear klingt, nimmt diese Wiederholung mantrischen Charakter an und setzt dadurch den »sequenziellen« Geist frei. Jedes Mal, wenn wir ausatmen, ist das Ausatmen Erbarmen. Es ist der Atem des Gebens oder Loslassens. Das Einatmen ist Empfangen. Es ist wie Geburt und Tod. Einatmen heißt wiedergeboren zu werden. Es heißt zu sagen: Ich bin imstande, Leben in mich aufzunehmen.

JAKUSHO KWONG

Wenn wir Zazen praktizieren, folgt unser Geist immer unserem Atem. Wenn wir einatmen, tritt die Luft in die innere Welt ein; wenn wir ausatmen, geht die Luft hinaus in die äußere Welt. Die innere Welt ist ohne Grenzen und auch die äußere Welt ist ohne Grenzen. Wir sagen »innere Welt« oder »äußere Welt«, aber in Wirklichkeit gibt es einfach nur eine ganze Welt. In dieser grenzenlosen Welt ist unsere Kehle wie eine Schwingtür. Die Luft kommt herein und geht hinaus, wie jemand, der durch eine Schwingtür tritt. Wenn ihr denkt »Ich atme«, ist dieses »Ich« ein Zusatz. Es gibt niemanden, der »ich« sagen könnte. Was wir »Ich« nennen, ist nur eine Schwingtür, die sich bewegt, wenn wir einatmen und ausatmen. Sie bewegt sich einfach, das ist alles. Wenn euer Geist rein und ruhig genug ist, nur dieser Bewegung zu folgen, ist nichts da: kein »Ich«, keine Welt, weder Geist noch Körper; nichts als eine Schwingtür.

SHUNRYU SUZUKI

Nach der Lehre des Zen hat jeder Mensch die Fähigkeit, sein Bewusstsein zu verändern, und da der eine Körper »alle Schöpfungen, ohne jede Einschränkung«, ist, folgt daraus, dass die Veränderung des eigenen Bewusstseins tatsächlich eine Veränderung des kollektiven Ganzen bedeutet. Mit dieser Argumentation hat man die Meditation zur höchsten Form politischen Handelns erhoben. Wenn Zazen der molekulare Keim der Veränderung ist – die effektivste, die wirkungsvollste Aktivität schlechthin –, wozu dann, wurde Robert Aitken einmal gefragt, überhaupt noch das Sitzpolster verlassen? Aitken entgegnete darauf: »Warum verließ der Buddha seinen Platz unter dem Bodhi-Baum? Er wanderte anschließend sein Leben lang durch das Ganges-Tal. Und drehte das Rad des Dharma. Ohne Unterlass.«

HELEN TWORKOV

Gewöhnlich meinen wir, dass sich die Dinge um uns herum verändern, dass sie in rasendem Tempo vorüberjagen und uns ein Gefühl der Instabilität geben, also versuchen wir, sie zu verlangsamen. Wir versuchen, uns auf festen Grund zu stellen, wo in Wirklichkeit nur Treibsand ist, und das macht uns nur umso unsicherer. Wir tun so, als wären wir stabile, unveränderliche Dinge, denen Veränderungen widerfahren, aber das ist nicht möglich. Wenn wir die Idee, dass die Dinge sich verändern, zu Ende denken, dann erkennen wir, dass wir selbst Veränderung sind, dass das Wesen der Dinge Veränderlichkeit ist. Der Buddha sagte, dass wir deswegen leiden, weil wir diese wahre Natur der Dinge nicht erkennen. Wir vermissen den festen Boden unter den Füßen und werden seekrank, weil wir meinen, die Dinge müssten stillhalten. Der Ratschlag des Buddha ließe sich in etwa so wiedergeben: Lerne schwimmen!

Die Unbeständigkeit ist ein gewaltiger Strom von Phänomenen, von Wesen, Dingen und Ereignissen, die in Abhängigkeit voneinander entstehen und vergehen. Diese natürliche Ordnung der Dinge schließt uns ein und ihre Gesetze sind unsere Gesetze. Wir sind ein endloser strömender Fluss in einem endlosen strömenden Fluss.

JISHO WARNER,
Stone Creek Zendo, Sebastopol, Kalifornien

Die vier großen Gelübde

Ich gelobe, allen empfindenden Wesen zu helfen.
Ich gelobe, alle Leiden zu beenden.
Ich gelobe, alle Dharma-Methoden zu erlernen.
Ich gelobe, die Buddhaschaft zu erlangen.

Das erste Gelübde ist das wichtigste. Wenn du einzig daran denkst, den empfindenden Wesen zu helfen, werden deine Leiden natürlich geringer werden. Wenn du nichts anderes im Sinn hast, als den empfindenden Wesen zu helfen, wirst du auf natürliche Weise alle Dharma-Methoden erlernen. Schließlich, wenn du so lange fortfährst, den empfindenden Wesen zu helfen, bis es kein Selbst mehr gibt, dann werden in dem Moment auch alle empfindenden Wesen verschwinden. Dann wirst du die Buddhaschaft erreicht haben, denn an dem Punkt gibt es keinerlei Unterscheidung, keine empfindenden Wesen und kein Selbst mehr. Abgelegt werden diese Gelübde jeden Tag von allen Buddhas und Bodhisattvas und von jedem, der den Weg ernsthaft zu beschreiten wünscht.

CH'AN-MEISTER SHENG-YEN

Etwas Gutes:
nicht so gut wie Nichts.

SOIKO SHIGEMATSU (ÜBERS.)

Immer, wenn ich die vier Bodhisattva-Gelübde rezitiere, bezeuge ich, dass das Verlangen sich niemals von selbst erschöpft und dass ich gelobe, ihm ein Ende zu bereiten. »Verlangen« bedeutet in den vier Gelübden »Verblendung«, und »die Verblendung ist unauslöschlich« zu rezitieren ist ebenso treffend. Die Verblendung hat zwei Seiten: die Vorstellungen, die wir haben, und unser Anhaften an ihnen. Wir können lernen, unsere Gedanken nicht allzu ernst zu nehmen, im Wissen, dass sie nicht real, konkret oder wahrheitsgemäß sind. Aber unser Anhaften an unseren Vorstellungen ist sehr schwer auszumerzen.

Anhaftung ist derselbe starke Drang, der die Wurzeln der Pflanzen dazu treibt, nach Wasser zu suchen, und ihre Zweige, sich dem Licht entgegenzurecken, derselbe, der kleine Tiere dazu treibt, nach Geschlechtspartnern zu suchen, obwohl es sie zu einer leichten Beute für hungrige Eulen macht. In ihrem Kern ist Anhaftung unser Verlangen zu leben, welches wiederum Ausdruck unserer Lebenskraft ist, geformt unter dem Einfluss unseres irregeleiteten Geistes. Verlangen ist meine Lebensenergie, wenn sie in den engen Kanal des »Ich-mein-mir-mich« gezwängt wird.

Anhaftung erscheint, sobald der Geist »ich« gesagt und mein Verlangen zu leben diesen Gedanken eingefärbt hat. In diesem Moment – und das ist jeder Moment – ist mein Leben ein Strudel von Durst, Gier und Abscheu. Aber eben diese strudelnden Leidenschaften, an die ich mich klammere, sind selbst ein Ausdruck meiner Lebenskraft: Alle Dinge, wie sie wirklich sind, sind absolute Wirklichkeit. Auf irgendeiner Ebene bin ich dessen gewahr, also ist es nicht nur meine Ichsucht, die da fragt: »Ist wirklich jegliche Leidenschaft schlecht?« Es ist auch das undeutliche Gewahrsein meines wahren Wesens.

JISHO WARNER,
Stone Creek Zendo, Sebastopol, Kalifornien

Ich habe einmal eine Geschichte über eine Reise durch Himmel und Hölle gehört. An beiden Orten sah der Besucher zahllose Menschen an einer Tafel sitzen, auf der viele köstliche Speisen standen. An die rechte Hand der Menschen waren über einen Meter lange Essstäbchen gebunden, während ihre linke Hand an den Stuhl gefesselt war. Die Menschen in der Hölle versuchten, ihre Arme so weit wie möglich auszustrecken, aber die Essstäbchen waren zu lang, als dass sie es hätten schaffen können, einen Bissen in den Mund zu bekommen. Sie wurden ungeduldig und ihre Hände und Essstäbchen verfingen sich in denen ihrer Nachbarn und Gegenüber. Die Leckerbissen wurden überallhin verstreut.

Im Himmel dagegen benutzten die Menschen ihre langen Essstäbchen, um die Lieblingsspeise eines anderen aufzunehmen und ihm an die Lippen zu führen, und wurden ihrerseits auf die gleiche Weise von anderen gefüttert. Sie alle genossen ihr Mahl in Harmonie.

SHUNDO AOYAMA

Ein Koan fragt: »Was ist dein ursprüngliches Gesicht, bevor deine Eltern geboren wurden?« Nun könnte man natürlich annehmen, dass es irgendein besonderes Etwas gibt, das »ursprüngliches Gesicht« heißt, aber dies ist nicht der richtige Ansatz. Wenn wir die Hand des Denkens öffnen und loslassen, ist das ursprüngliche Selbst da. Es ist kein besonderer mystischer Zustand. Suche es nicht irgendwo anders. Wenn wir die Hand des Denkens öffnen, schauen wir das ursprüngliche Gesicht. Wenn wir uns nicht an unsere Gedanken klammern, erkennen wir, dass die Kraft, die unser Dasein belebt, und die Kraft, die den Wind bewegt, ein und dasselbe sind. Unser Leben und die Kraft, die den Wind bewegt, sind ein und dasselbe. Unser Atem und der wehende Wind sind eins.

ZEN-MEISTER KOSHO UCHIYAMA

Grenzenloser Wind und Mond – Auge in den Augen;
Unerschöpfliche Himmel, unendliche Erde – Licht über Licht;
Die Weide schwarz, die Blume hell – zehntausend Häuser;
Klopf an, wo du willst – jemand wird Antwort geben.

›NIEDERSCHRIFT VON DER BLAUGRÜNEN FELSWAND‹

Die folgende Geschichte stammt aus dem Japan der Edo-Zeit (1600–1868). Hinter einem Tempel lag ein Feld, auf dem viele Kürbisse an einer Ranke wuchsen. Eines Tages brach ein Streit zwischen den Kürbissen aus und sie bildeten zwei Gruppen und schrien sich lautstark gegenseitig an.

Der Oberpriester hörte den Krawall, und als er nachsehen ging, was los sei, fand er die zankenden Kürbisse. Da donnerte sie der Priester an und schalt: »He da, Kürbisse! Was streitet ihr euch da herum? Alles hingesetzt und Zazen geübt!«

Der Priester lehrte sie in Zazen zu sitzen: »Kreuzt die Beine, sitzt aufrecht und haltet Rücken und Nacken gerade.« Als die Kürbisse Zazen übten, so wie der Priester es sie gelehrt hatte, legte sich ihr Zorn und sie beruhigten sich.

Dann sagte der Priester leise: »Legt euch alle die Hand auf den Kopf.« Als die Kürbisse sich alle den Scheitel berührten, fanden sie etwas Merkwürdiges daran befestigt. Wie sich herausstellte, war es eine Ranke, die sie alle miteinander verband. »Das ist wirklich komisch. Da haben wir uns gezankt und gestritten, wo wir in Wirklichkeit doch alle miteinander zusammenhängen und ein und dasselbe Leben leben. Wie konnten wir uns nur so irren! Es ist wirklich so, wie der Priester gesagt hat.« Von da an kamen die Kürbisse ausgezeichnet miteinander aus.

ZEN-MEISTER KOSHO UCHIYAMA

Das Zen hat einen sehr einfachen und direkten Lehrstil. Die Bedeutung von Zen ist folgende: Wenn ihr verstehen wollt, was eine Wassermelone ist, holt ihr euch eine Wassermelone, nehmt ein Messer und schneidet die Wassermelone. Dann steckt ihr euch eine Scheibe in den Mund und – wamm! Eure Erfahrung!

Wörter und Sprache und Bücher und Gelehrsamkeit können das nicht vermitteln. Selbst wenn ihr hundert Bücher über Wassermelonen lest und euch hundert Vorträge darüber anhört, könnt ihr dadurch nicht so viel lernen wie durch einen einzigen Bissen. »Was ist eine Wassermelone?« Wamm! – »Aaah! Das ist eine Wassermelone!« Dann erlangt ihr Wassermelone und dieses Erlangen ist endgültig. Deswegen heißt es vom Zen: »Unabhängig von Worten und Sprache, eine besondere Überlieferung außerhalb der Sutras, die unmittelbar auf des Menschen Herz deutet; sieh dein wahres Wesen, werde Buddha.« Um eine Wassermelone zu verstehen, braucht man keine Wörter und keine Sprache – selbst ein kleines Kind versteht das! Das ist die Lehrweise des Zen.

ZEN-MEISTER SEUNG SAHN

Wassermelonen und Zen-Schüler
wachsen auf ähnliche Weise.
Lange Perioden des Sitzens,
damit sie reifen und ganz
saftig werden, aber klopft
man ihnen auf den Kopf,
um festzustellen, ob sie so weit sind –
hört's sich so an,
als ob gar nichts passierte.

PETER LEVITT

An kalten Wintermorgen habe ich manchmal Schwierigkeiten, eine Kerze anzuzünden. Ich muss erst das Wachs um den Docht herum langsam zum Schmelzen bringen. Dann brennt die Kerze hell und fährt auch fort zu brennen und schmilzt durch die Hitze ihres eigenen Lichts.

Und genauso ist es mit den Menschen. Anfangs brauchen wir einen guten Lehrer, der uns führt und »uns anzündet«, aber indem wir später durch unsere eigenen Bemühungen »selbst verbrennen«, strahlen wir Licht und Wärme in unsere Umgebung aus. Wie inständig uns jemand anders auch bitten mag zu brennen – solange wir nicht selbst brennen, wird nichts erreicht werden.

SHUNDO AOYAMA

Bodhidharma [der erste Patriarch des chinesischen Ch'an] wird in Ch'an- und Zen-Gemälden als eine strenge, grimmige Gestalt mit riesigen, vorquellenden Augen dargestellt. Der Legende nach soll er sich die Augenlider abgeschnitten haben, um immer wach und gewahr zu bleiben. Kurz nach seiner Ankunft in China [um das Jahr 520] besuchte er Kaiser Wu von Liang.

»Was ist der höchste Sinn der Heiligen Wahrheit des Dharma?«, fragte der Kaiser.

»Leere Weite – nichts Heiliges«, erwiderte Bodhidharma.

»Wer steht mir gerade gegenüber?«

»Ich weiß es nicht.«

Offensichtlich waren weder der Meister noch der Kaiser vom jeweils anderen sonderlich beeindruckt. Die Audienz endete und Bodhidharma zog weiter zum angrenzenden Staat Wei, wo er im Shaolin-Kloster neun Jahre lang vor einer Wand gesessen haben soll.

JOHN SNELLING

Zen erklärt nichts. Zen analysiert nichts. Es verweist lediglich zurück auf unseren Geist, so dass wir aufwachen und Buddha werden können. Vor langer Zeit fragte einmal jemand einen großen Zen-Meister: »Ist es sehr schwierig, unser wahres Selbst zu erlangen?«

Der Zen-Meister erwiderte: »Ja, sehr schwierig!«

Später fragte jemand anders denselben Zen-Meister: »Ist es sehr einfach, unser wahres Selbst zu erlangen?«

»Ja, ganz einfach!«

Wiederum später fragte ihn jemand: »Wie ist die Zen-Übung? Sehr einfach oder schwierig?«

Der Zen-Meister sagte: »Wenn du einen Schluck Wasser trinkst, merkst du selbst, ob's heiß oder kalt ist.«

ZEN-MEISTER SEUNG SAHN

Alle diese Koans sind Unsinn, das heißt Nicht-Sinn, und dasselbe gilt für das Zen. Denn Sinn ist das Produkt logischer Schlussfolgerung und der Gesetze des Denkens und darüber kann das Zen nur lachen. Zen ist der Witz an einem Witz und ebenso wie ein Witz lässt es sich nicht »erklären«. Es ist das Leben in der Form; es ist das, was das logische Denken zu fassen versucht – und oft genug erdrosselt. Es ist der Fluss des Lebens, der sich um die Gedankengebäude, die Wörterbücher und Definitionen, die Ansichten oder Entscheidungen derer, die an seinen Ufern stehen, keinen Deut schert. Die Zen-Technik ist daher – wie die Sprengstoffe, die man in der Flößerei verwendet – nur dazu gedacht, den Stau im Fluss aufzubrechen, damit das Wasser und alles, was auf ihm schwimmt, ungehindert strömen kann.

CHRISTMAS HUMPHREYS

Mein Alltag, er ist auch nicht anders:
Nur stimme ich mit allem überein.
Kein Ort wird begehrt oder verabscheut,
Nirgends bin ich dafür oder dagegen.
Wer hält Purpur und Karmesin für ehrenwert?
Die grünen Berge haben kein Körnchen Staub.
Spirituelle Kräfte und ihre Wundertaten –
Wasser schöpfen und Brennholz tragen.

›NIEDERSCHRIFT VON DER BLAUGRÜNEN FELSWAND‹

Die Überbetonung des Verstandes auf Kosten anderer Teile des ganzheitlichen Bewusstseins kann auf asiatische Lehrer zugleich belustigend und erstaunlich wirken. Einmal stellte ein Zen-Abt vor einem amerikanischen Adepten ein paar japanische Püppchen ohne Beine auf, von denen einige im unteren Teil, andere im Kopf beschwert waren. Als die kopflastigen umgestoßen wurden, blieben sie liegen; die im Bauch beschwerten wippten sofort wieder in die Senkrechte zurück. Der Abt brach in schallendes Gelächter aus: Anschaulicher konnte man das Los des abendländischen Menschen mit seiner ständigen Überbetonung des Denkens auf Kosten seiner Ganzheit wirklich nicht vorführen!

NANCY WILSON ROSS

Der Buddha sagte seinen Schülern unentwegt, sie sollten ihre Zeit und Energie nicht mit metaphysischen Spekulationen verschwenden. Immer, wenn man ihm eine metaphysische Frage stellte, verharrte er in Schweigen. Stattdessen leitete er seine Schüler an, sich um praktische Dinge zu mühen. Als er eines Tages gefragt wurde, ob die Welt unendlich sei, sagte der Buddha: »Mag die Welt nun endlich oder unendlich sein, begrenzt oder unbegrenzt – das Problem, wie du befreit wirst, bleibt dasselbe.« Ein anderes Mal sagte er: »Nehmen wir an, jemand wird von einem Giftpfeil getroffen und der Arzt möchte den Pfeil unverzüglich aus der Wunde entfernen. Stellen wir uns vor, der Mensch wollte sich erst dann den Pfeil herausnehmen lassen, wenn er wisse, wer ihn geschossen habe, wie alt er sei und wer seine Eltern seien und warum er ihn geschossen habe. Was würde geschehen? Würde er warten, bis er eine Antwort auf alle diese Fragen bekäme, dann würde er lange vorher schon sterben.« Das Leben ist recht kurz. Man darf es nicht damit vergeuden, sich endlosen metaphysischen Spekulationen hinzugeben, die einen der Wahrheit keinen Schritt näher bringen.

THICH NHAT HANH

Gewöhnliche Menschen, die in Unfreiheit befangen sind, haben kein Gewahrsein und kein Wissen, so wie blinde Kinder einer reichen Familie, die in einem Lagerraum voller Schätze sitzen, ohne einen einzigen davon zu sehen, und nur beim Gehen gegen sie stoßen und so von den Schätzen verletzt werden.

CHIH-I (538–597)

Die Lehre des Zen ist wie ein Fenster. Anfangs sehen wir es an und wir sehen nur die undeutliche Spiegelung unseres Gesichts. Aber je mehr wir lernen und je klarer unser Blick wird, desto klarer wird auch die Lehre. Bis sie zuletzt vollkommen durchsichtig ist. Wir sehen durch sie hindurch. Wir sehen alle Dinge: unser eigenes Gesicht.

STEPHEN MITCHELL

In unserem Üben gibt es drei Formen von Disziplin. Die erste ist *shila*, die Sittlichkeitsregeln gegen Stehlen, üble Nachrede, Neid und so weiter. Die zweite ist *dhyana* [Meditation] oder Zen, und die dritte ist *prajna* [Weisheit]. Hui-neng [638–713, der sechste chinesische Patriarch] sagte, rechtes Verstehen bedeute zu wissen, dass dhyana nicht verschieden ist von prajna und dass prajna nichts ist, was man infolge oder nach Übung von Zen erlangen würde. Während wir üben – in genau diesem Augenblick des Übens – entfaltet sich prajna in jedem einzelnen Aspekt unseres Lebens: während wir den Fußboden fegen, Geschirr spülen, kochen – bei allem, was wir tun.

Dies war die sehr originelle Lehre des Hui-neng und mit ihr nahm die Überlieferung des eigentlichen Zen-Buddhismus ihren Anfang. Jegliches Ding lehrt uns, jegliches Ding zeigt uns dieses wundervolle Dharma-Licht. Wir brauchen nichts anderes zu tun, als unsere Augen zu öffnen; unsere Herzen zu öffnen.

MAURINE STUART

Unser Leben von außen nach innen vereinfachen zu wollen (»Was könnte ich über Bord werfen?«) und dies zu unserem eigenen Vorteil zu tun (»Ich wünsche mir einfach inneren Frieden«) ist business as usual – die Sehnsucht, unser Leben zu vereinfachen, lediglich als eine weitere Begehrlichkeit, die wir auf alle übrigen draufsetzen. Stattdessen würde ich gern alles, was mir begegnet, als ebenso kostbar wie mein Leben selbst betrachten. Tatsächlich ist ja alles, was mir begegnet, mein Leben – mein Leben besteht aus nichts anderem als den Beziehungen, dem Energiefluss zwischen »mir« und »dem Wesen, mit dem ich interagiere«. Dieser endlose Prozess ist das Wirken des Universums der Unbeständigkeit und Bedingtheit und mein Ziel ist, dieser von Moment zu Moment neu geknüpften innigen Beziehung immer wieder aufs Neue gewahr zu werden.

Wenn alles, was uns begegnet, unser Leben ist, dann müssen wir uns fragen: Was für »Lebensspeise« esse, verdaue, verwandle ich gerade in mein Mark und meine Knochen? Es geht nicht darum, weniger Dinge zu gebrauchen, um zu vereinfachen, oder mehr Dinge, um ins Detail zu gehen, es geht darum, auf die Umstände des Lebens zu achten. Wie können wir am besten in eine eindeutige Beziehung zu all dem treten, was uns umgibt? Wie können wir auf unsere Welt mit Respekt reagieren?

JISHO WARNER

Alle Zen-Schüler sollten sich zu Beginn dem Zazen (»Sitzen in Versenkung«) widmen: in der vollkommen verschränkten oder der halb verschränkten Position sitzend, mit halb geschlossenen Augen, das ursprüngliche Gesicht sehen, das war, ehe Vater oder Mutter geboren wurden. Das bedeutet, den Zustand zu sehen, der war, bevor die Eltern geboren wurden, bevor Himmel und Erde getrennt wurden, bevor man menschliche Gestalt erhielt. Das, was man »das ursprüngliche Gesicht« nennt, wird erscheinen. Das ursprüngliche Gesicht ist etwas ohne Farbe oder Form, so wie der leere Himmel, in dessen Klarheit keine Form ist.

Das ursprüngliche Gesicht ist in Wirklichkeit ohne Namen, aber es wird durch Bezeichnungen umschrieben wie »ursprüngliches Gesicht«, »der Herr«, »die Buddha-Natur« und »der wahre Buddha«. Es verhält sich damit wie mit dem Menschen, der bei seiner Geburt auch keinen Namen hat, dem aber später verschiedenerlei Namen verliehen werden. Die siebzehnhundert Koans oder Fallbeispiele, denen sich Zen-Schüler widmen, haben alle nur den einen Zweck, sie dazu zu bringen, ihr ursprüngliches Gesicht zu sehen. Der Erhabene saß sechs Jahre lang in den Schneebergen in Meditation, sah dann den Morgenstern und war erleuchtet, und das bedeutete, »sein ursprüngliches Gesicht zu sehen«.

Jedes Mal, wenn ein Gedanke aufkommt, wirf ihn fort … Gedanken sind wie Wolken; wenn die Wolken sich verzogen haben, tritt der Mond hervor. Der Mond der ewigen Wahrheit ist das ursprüngliche Gesicht.

DAITO (1282–1334)

Kultivierung bedeutet Übung, Verwirklichung bedeutet Erlangung. Weiterhin bedeutet Kultivierung, die Ursache üben, und Verwirklichung, die Wirkung erfahren.

CHIH-I (538–597)

Ursachen sind komplex und gehören unterschiedlichen Zeitstufen an. Die Bemühungen des Einzelnen sind nicht der einzige bestimmende Faktor seiner Lebensumstände, denn jeder ist nur Teil des Netzes von Gesellschaft und Natur sowie des Kontinuums der Zeit. Es ist normal, dass die Menschen aufgrund ihres Verkennens der wirklichen Verhältnisse falsche kausale Zusammenhänge herstellen.

Jede Ursache ist die Wirkung von etwas anderem und jede Wirkung ist die Ursache von etwas anderem. Was wie ein Fluch aussieht, könnte ein Segen sein, und was wie ein Segen aussieht, könnte ein Fluch sein. Not ist ein Segen, wenn sie zu Bemühung und Entwicklung anspornt; Wohlstand ist ein Fluch, wenn er Selbstgefälligkeit und Unmaß fördert.

MUSO KOKUSHI (1275–1351)

Wenn wir vom Karma im Sinne des Achtfachen Pfads sprechen, ist die erste Gruppe Rechtes Reden, Rechtes Handeln und Rechter Lebenserwerb: Es liegt nahe, Karma als Handeln zu begreifen, als das, was geschieht. Aber wenn wir zum Rechten Denken kommen, dann wird Karma etwas sehr Subtiles, da es sich innerlich ereignet: Karma beginnt mit dem Denkmuster und zeitigt bereits in unserem Geist eine Wirkung. Wenn wir etwas sagen, so ist dessen Wirkung auf die Menschen in unserer Umgebung offensichtlich. Jeder Gedanke, den wir haben, hat eine Wirkung auf uns. Das Karma ist demnach nur innerlich, aber früher oder später hat es auch eine Auswirkung auf unsere Umgebung, eben da es uns beeinflusst hat. In diesem Sinne lebt ein Zen-Schüler einen Teil des Karma seines Lehrers aus – und dessen Lehrers und immer so weiter, bis hin zu Bodhidharma und dem Buddha. Wir leben also deren Karma aus. Ebenso aber auch Hitlers Karma. Was ist dann also Karma? Es ist nicht lediglich das, was wir in unserem individuellen Leben erfahren. Es ist das, was in der Welt geschieht. Das bedeutet, dass wir uns unser individuelles Leben als die ganze Welt vorstellen können – und dadurch allmählich erkennen, dass wir mit dem gesamten Universum in Verbindung stehen.

SENSEI PAT ENKYO O'HARA,
Village Zendo, New York City

Kung-ans [Koans] sind kein Material für gelehrte Studien oder Untersuchungen. Jedes *kung-an* will als Finger begriffen sein, der auf die Wirklichkeit sowohl unserer eigenen Natur als auch auf die Wirklichkeit der Welt zeigt. Dieser Finger kann seine Funktion als Zeiger nur erfüllen, wenn man sich *bewusst* ist, dass er direkt auf einen selbst zeigt.

THICH NHAT HANH

Alle Zen-Geschichten drehen sich um ein und dasselbe. Sie führen uns unterschiedliche Szenen, unterschiedliche Personen vor, aber sie alle helfen uns, einen klareren Einblick in unser wahres Wesen, unsere Buddha-Natur, den Grund unseres Daseins – wie auch immer wir das nennen wollen – zu gewinnen. Koans und Rituale gehören nicht lediglich alten Zeiten an; wir dürfen sie nicht zu bloßen Formen verkümmern lassen. Wir müssen uns hüten, die alten Koans wie Relikte aus der Vergangenheit zu behandeln, und ebenso, die neuen als Imitationen zu betrachten. Wenn diese Koans von wahrhaft lebendigen Menschen benutzt werden, werden sie vollkommen gegenwärtig: Dann verschwinden alle Unterschiede zwischen Alt und Neu. Jedes Koan ist unser Koan. Wir müssen in einsamer Freiheit, unabhängig hervortreten. Die Klärung unserer wahren Natur ist nichts anderes als diese Übung, der wir uns widmen. Niemand kann sie uns lehren, niemand kann sie uns schenken. Wir müssen sie selbst erfahren, klar und in vollkommener Unabhängigkeit.

MAURINE STUART

Wenn jemand ein bestimmtes *kong-an* [Koan] studiert und seine Arbeit mit einem aufrichtigen Geist verrichtet – wie eine Henne, die auf ihren Eiern sitzt, wie eine Katze, die eine Maus belauert, wie ein Hungriger, der an Speise denkt, wie ein Dürstender, der an Wasser denkt, wie ein Kind, das sich nach seiner Mutter sehnt –, dann wird mit Sicherheit irgendwann auch der Zeitpunkt des Durchbruchs und des Verstehens kommen.

Kommentar
Das *kong-an* der Patriarchen besteht aus 1700 Fallbeispielen, wie zum Beispiel »Der Hund hat keine Buddha-Natur«, »Die Kiefer im Hof«, »Drei Pfund Flachs« und »Ein getrockneter Scheißstock«.

Wenn eine Henne auf ihren Eiern brütet, erhalten diese ohne Unterbrechung die nötige Wärme. Wenn eine Katze eine Maus belauert, sind ihr Geist und ihre Augen auf ihr Objekt fixiert. Und was das Denken eines Hungrigen an Speise, das Denken eines Durstigen an Wasser, das Sichsehnen eines Kindes nach seiner Mutter anbelangt, so erfolgen alle diese Dinge aus einer Unverfälschtheit des Geistes heraus. Da dies kein künstlich herbeigeführter Geisteszustand ist, wird er »aufrichtig« genannt. Beim Studium des Zen besteht ohne diese Aufrichtigkeit des Geistes keinerlei Aussicht auf Durchbruch und Verstehen.

DRITTER CH'AN-PATRIARCH SOSAN (526–606)

Niemand, wirklich niemand, kann aber unser Leben für uns erleben; niemand kann uns den Schmerz abnehmen, den das Leben unvermeidlich mit sich bringt. Der Preis, den wir für das innere Wachstum zahlen müssen, steht uns immer deutlich vor Augen; und wir werden nie richtig ins Üben kommen, wenn wir nicht erkennen, wie wenig wir dazu bereit sind, überhaupt einen Preis zu bezahlen. Das Traurige dabei ist, dass wir, solange wir ausweichen wollen, uns selbst vom Wunder des Lebens und vom Wunder dessen, was wir sind, ausschließen. Wir versuchen uns an Menschen zu halten, von denen wir glauben, sie könnten unseren Schmerz lindern. Wir versuchen sie zu beherrschen, sie an uns zu binden, ja sie sogar dazu zu verleiten, sich unseres Leidens anzunehmen. Doch leider gibt es nichts gratis. Ein Schatz ist nie ein Gratisgeschenk. Wir müssen ihn uns verdienen durch ausdauernde, unablässige Übung.

Wir müssen ihn uns in jedem Augenblick verdienen, nicht nur im »spirituellen Bereich« unseres Lebens. Die Weise, in der wir unsere Verpflichtungen anderen gegenüber erfüllen, in dem wir ihnen dienen, und die Bereitschaft, die Aufmerksamkeit aufzubringen, die wir in jedem Augenblick unseres Lebens brauchen, all das bedeutet, den Preis für den Schatz zu bezahlen.

CHARLOTTE JOKO BECK

Wenn du Essen zubereitest, betrachte die Zutaten niemals aus konventioneller Perspektive, noch beurteile sie ausschließlich aufgrund deiner Emotionen. Befleißige dich einer Haltung, die sich bemüht, aus gewöhnlichem Grüngemüse große Tempel zu errichten und die auch bei der trivialsten Aktivität den *buddhadharma* bezeugt. Wenn du eine Suppe aus gewöhnlichen Grüngemüsen zubereitest, lass dich nicht zu Abneigung gegen diese hinreißen und achte sie auch nicht gering; noch vollführe Freudensprünge, nur weil du erlesene Zutaten für ein besonderes Gericht erhalten hast. Ebenso wenig wie du einer Speise zusprichst, nur weil sie besonders gut schmeckt, besteht irgendein Grund, gegenüber einem schlichten Gericht Widerwillen zu empfinden. Sei nicht nachlässig und gedankenlos, nur weil dir die Zutaten unbedeutend erscheinen, und sieh dich vor, dass du mit Zutaten von höherer Qualität nicht sorgfältiger arbeitest. Jemand, der sich von der Qualität eines Dinges beeinflussen lässt oder der seine Rede und sein Verhalten entsprechend dem Aussehen oder dem Rang der Personen verändert, denen er jeweils begegnet, der ist kein Mensch, der am Weg arbeitet.

ZEN-MEISTER DOGEN (1200–1253)

In zahllosen Koans suchen Mönche Lehrmeister auf und fragen nach dem Weg. Was ist der Weg? Soll ich danach suchen? Soll ich hart daran arbeiten? Werde ich ihn dann erfassen? Wenn wir versuchen, ihn zu erfassen, verlieren wir ihn. Wenn wir versuchen zu erklären, was er ist, dann verschwindet er. Unser Bedürfnis nach Gewissheit fesselt uns und bewirkt, dass wir nach einer Definition des Zen suchen. Aber dieses geheimnisvolle, unaussprechliche, undefinierbare Etwas, das wir hier alle zusammen erleben, lässt sich in keine Schablone pressen.

Ein Professor suchte einmal Nyogen Senzaki [Rinzai-Lehrer in den Vereinigten Staaten; gest. 1958] in einem seiner »gleitenden Zendos« , improvisierten Meditationszentren, auf, in der Absicht, möglichst viele Informationen über Zen zu sammeln. Nyogen Senzaki führte ihn in das Zendo und der Mann fing mit gezücktem Stift und Notizblock an, über Zen zu sprechen. Senzaki legte sich den Finger an die Lippen und sagte: »Schhh, wir meditieren hier schweigend.« Er führte den Professor in die Küche und dieser dachte: »Ah, gut, jetzt kann ich reden. Jetzt sehen wir mal, was die Leute hier essen.« Und er fing an, darüber Fragen zu stellen. Senzaki sagte: »Schhh, wir kochen und essen hier schweigend.« Danach gingen sie in die Bibliothek und der Professor dachte: »Ah, die vielen schönen Bücher! Jetzt können wir ja wohl endlich reden.« Senzaki aber sagte: »Wir lesen hier schweigend.« Als er ihn zur Tür begleitete, stieß der Mann entnervt aus: »Aber was ist denn nun eigentlich Zen?«

MAURINE STUART

Wir sind im Grunde Wirbel im Fluss des Lebens. Im Vorwärtsströmen trifft der Fluss vielleicht auf Felsblöcke, Äste oder Unebenheiten im Flussbett, durch die plötzlich hier und da ein Wirbel entsteht. Das Wasser, das in den Wirbel fließt, schießt herum und wird rasch wieder Teil des Flusses, bis es schließlich Teil eines neuen Wirbels wird und sich dann wieder weiterbewegt. Auch wenn es für kurze Zeit scheinbar als etwas Eigenes unterschieden werden kann, ist das Wasser im Wirbel doch nichts anderes als der Fluss selbst. Die Stabilität eines Wirbels ist sehr vergänglich. Die Energie des Lebensflusses formt lebendige Dinge – einen Menschen, einen Hund, eine Katze, Bäume, Pflanzen –, dann verändert sich das, was den Wirbel formte, selbst, und der Wirbel löst sich auf und wird wieder Teil des ganzen Flusses. Die Energie, die einen bestimmten Wirbel gebildet hat, schwindet und das Wasser strömt weiter, um vielleicht wieder erfasst zu werden und für einen Augenblick die Form eines neuen Wirbels anzunehmen.

CHARLOTTE JOKO BECK

Früher bin ich viel Kanu gefahren und besonders gern bin ich auf den schmalen, reißenden Flüsschen von Neuengland gepaddelt. Sie werden »Steingärten« genannt, weil sie sich zwischen Felsblöcken winden und schlängeln, die von Gletschern zurückgelassen wurden. Wenn man sich auf diesen quecksilbrigen Flüsschen einfach treiben lässt, fährt man entweder sein Kanu am nächsten Felsen zu Bruch oder man gerät in Querlage zur Strömung und läuft sofort voll. Die Strömung ist stark genug, um dein Kanu zu zermalmen und dich sogar zu ertränken, aber wenn du sie verstehst, kannst du dich in Harmonie mit ihr bewegen. Du kannst mit der Strömung tanzen, aalglatt um Felsen gleiten und blitzflink durch Strudel schnellen. Du kannst das alles schaffen, ohne dich besonders anzustrengen, aber es hat nichts mit »sich treiben lassen« zu tun. Es ist ein aktives Sicheinlassen auf Naturkräfte, mit denen man so innig vertraut ist, dass man im Einklang mit ihnen handeln kann.

Passives Sichtreibenlassen ist nicht die Art von »Annehmen«, von der der Buddha-Weg spricht. Der Buddha-Weg sagt, dass wir das annehmen sollen, was in diesem Augenblick ist, die Dinge so akzeptieren, wie sie sind – aber mit einem weit offenen Geist und Herzen, als ein aktives Sicheinlassen auf das Leben. Und geraten wir zwischendurch in ruhiges Wasser, dann können wir uns an seiner Friedlichkeit erfreuen – im sicheren Bewusstsein, dass sie nicht von Dauer sein wird.

JISHO WARNER

Der Weg bedarf keiner Kultivierung – es reicht, wenn du ihn nicht verunreinigst.

Was ist Verunreinigung? Ein unsteter Geist bringt Gekünsteltes und Erfindungen hervor, all dies bedeutet Verunreinigung.

Wenn du den Weg unmittelbar verstehen willst, ist der normale Geist der Weg.

Was ich mit »normaler Geist« meine, ist der Geist ohne Künsteleien, ohne subjektive Urteile, ohne Begehrlichkeit oder Abneigung.

ZEN-MEISTER MAZU (MA-TSU, 709–788)

Alles, was du dir zu merken brauchst, sind die folgenden Anweisungen:

Erstens lerne, völlig unempfänglich zu sein für Sinneseindrücke, die durch äußere Formen hervorgerufen werden, so dass du deinen Leib von Empfänglichkeit für Äußerlichkeiten läuterst.

Zweitens lerne, auf keinerlei Unterschied zwischen diesem und jenem dir entstehenden Sinneseindruck zu achten, so dass du deinen Leib von nutzlosen Unterscheidungen zwischen einem Phänomen und einem anderen läuterst.

Drittens achte streng darauf, keinerlei Unterscheidungen zwischen angenehmen und unangenehmen Sinneseindrücken zu machen, so dass du deinen Leib von eitlen Unterscheidungen läuterst.

Viertens vermeide, über Dinge nachzugrübeln, so dass du deinen Leib von unterscheidender Verstandestätigkeit läuterst.

CH'AN-MEISTER HUANG PO (GEST. 850)

Der Buddha war nicht an den Elementen interessiert, aus denen menschliche Wesen sich zusammensetzen, ebenso wenig wie an metaphysischen Theorien der Existenz. Er beschäftigte sich vielmehr damit, wie er selbst in diesem Augenblick existierte. Darum ging es ihm. Brot wird aus Mehl gemacht. Wie das Mehl zu Brot wird, wenn es in den Ofen kommt, das war für den Buddha die wichtigste Frage. Wie wir erleuchtet werden, interessierte ihn am meisten. Der erleuchtete Mensch ist ein vollkommenes, anziehendes Wesen, für sich selbst und andere. Der Buddha wollte herausfinden, wie Menschen dieses ideale Wesen entwickeln können – wie die unterschiedlichen Weisen in der Vergangenheit zu Weisen wurden. Um herauszufinden, wie Teig zu vollkommenem Brot wird, machte er es immer und immer wieder, bis er darin erfolgreich war. Das war seine Praxis.

SHUNRYU SUZUKI

Angenommen, man würde neben einem Menschen, der Zazen übt, einen großen Felsblock aufrichten. Da der Stein nicht lebendig ist, kann er noch so lange da sitzen, es wird ihm doch nie ein Gedanke kommen. Anders als der Stein aber ist der neben ihm in Zazen Sitzende ein lebendiger Mensch. Selbst wenn er so bewegungslos wie der Stein sitzt, können wir nicht erwarten, dass keinerlei Gedanken in ihm auftauchen werden. Im Gegenteil, wenn sie das nicht täten, müssten wir sagen, dass der Mensch nicht mehr am Leben ist. Natürlich bedeutet die Wahrheit des Lebens niemals, so leblos wie ein Stein zu werden. Das Aufhören aller Gedanken ist deshalb nicht der Idealzustand desjenigen, der in Zazen sitzt. Es ist vollkommen natürlich, dass Gedanken entstehen. Doch wenn wir Gedanken nachjagen, denken wir und üben nicht mehr Zazen. Wie sollte unsere Haltung also sein?

»Danach streben, die Zazen-Haltung mit unserem Fleisch und unseren Knochen aufrechtzuerhalten und die Gedanken loszulassen« ist die treffendste Kurzbeschreibung der Haltung, die wir einnehmen sollten. Was heißt »die Gedanken loslassen«? Nun, wenn wir denken, denken wir an etwas. An etwas denken bedeutet, dieses Etwas mit dem Denken zu fassen. Im Zazen aber öffnen wir die Hand des Denkens, die versucht, etwas zu fassen, und verzichten darauf zuzufassen. Das bedeutet, die Gedanken loslassen.

ZEN-MEISTER KOSHO UCHIYAMA

Manche Leute begreifen nicht, dass das Wesen von Gut und Böse leer ist; sie sitzen starr und unbewegt, und wie ein Fels, der Gras zerdrückt, unterdrücken sie Körper und Geist. Dies als Kultivierung des Geistes zu betrachten ist große Verblendung. Aus diesem Grunde heißt es: »Shravakas [Menschen, die durch bloßes Hören und Erfassen des Dharma zur Erleuchtung gelangen] schneiden Gedanke für Gedanke die Verblendung ab, aber der Gedanke, der dieses Abschneiden leistet, ist ein Schurke.« Wenn sie erkennen könnten, dass Töten, Stehlen, Unzucht und Lügen alle aus der Natur entstehen, dann würde ihr Entstehen dasselbe sein wie ihr Nichtentstehen. In ihrem Ursprung sind alle diese Dinge ruhig, warum müssen sie dann abgeschnitten werden? Wie es heißt: »Fürchte nicht das Entstehen von Gedanken: Hüte dich nur davor, ihrer zu spät gewahr zu werden.« Weiterhin heißt es: »Wenn wir eines Gedankens in dem Moment seiner Entstehung gewahr sind, dann wird der Gedanke durch dieses Gewahrsein verschwinden.«

ZEN-MEISTER CHINUL (1158–1210)

Im Zen ist die Unterscheidung zwischen Körper und Geist die höchste Verblendung: Gut zu sitzen heißt gut zu »sein«. Es ist wie die bekannte Formel über die Reitkunst: auf dem Sattel kein Reiter, unter dem Sattel kein Pferd. Das ist Zazen. Das ist Gegenwart. Kein Subjekt, kein Objekt. So dass wir nicht wissen können, was gerade geschieht.

JAKUSHO KWONG

Das Paradoxe an der Freiheit des Zen ist, dass sie gegenwärtig und verfügbar, aber zugleich – wenn bewusst angestrebt – flüchtig ist. Sie spricht auf das an, was Bunan [17. Jahrhundert] »Suchen, ohne zu suchen« nannte. Ying-an [12. Jahrhundert] formulierte es folgendermaßen: »Zen hat nichts, woran man sich klammern könnte. Wenn Leute, die Zen studieren, das nicht erkennen, dann liegt es daran, dass sie allzu eifrig darauf losgehen.«

THOMAS CLEARY

In Japan lebte einst ein großer Poet namens Basho; er war ein sehr aufgeweckter junger Mann und ein ernsthafter Buddhist, der viele Sutren studiert hatte. Er dachte, er verstehe jetzt genug vom Buddhismus und unternahm eines Tages eine Reise zu Zen-Meister Takuan. Sie unterhielten sich lange Zeit. Auf jede Frage des Zen-Meisters antwortete Bosho ausführlich aus den tiefgründigsten und schwierigsten Sutren. Schließlich sagte ihm der Meister: »Du bist ein sehr großer Buddhist und ohne Zweifel ein großer Mann, du verstehst alles. Während unseres ganzen Gesprächs hast du allerdings nur Worte von Buddha und bedeutenden Lehrern zitiert. Ich möchte aber nicht die Worte anderer aus deinem Mund hören. Ich möchte deine eigenen Worte hören, Worte von deinem wahren Selbst. Schnell, sofort – sag mir einen Satz von dir.«

Basho war sprachlos. Sein Geist arbeitete mit Höchstgeschwindigkeit. »Was kann ich sagen? Meine eigenen Worte – welche können das sein?« Eine Minute verstrich, dann zwei und schließlich zehn. Nun sagte der Meister: »Ich dachte, du verstehst den Buddhismus, warum kannst du mir nicht antworten?« Bashos Gesicht wurde rot, sein Geist stockte total, er war weder nach links noch nach rechts, weder vorwärts noch rückwärts zu bewegen. Er stand vor einer undurchdringlichen Wand. Schließlich gab es nur noch grenzenlose Leerheit.

Plötzlich durchschnitt ein Geräusch aus dem Klostergarten die Stille. Basho wandte sich zum Meister:

»Stiller Weiher –
ein Frosch springt hinein –
Platsch.«

Der Meister lachte laut auf: »Na also! *Das* sind die Worte deines wahren Selbst.« Basho lachte auch. Er hatte Erleuchtung erlangt.

ZEN-MEISTER SEUNG SAHN

Wenn du frei sein willst, lerne dein wahres Selbst kennen. Es hat keine Form, kein Aussehen, keine Wurzel, keine Stütze, keine Wohnung, doch es ist lebendig und voller Spannkraft. Es reagiert mit großer Geschmeidigkeit, doch lässt sich seine Funktion nicht räumlich festlegen. Wenn du nach ihm suchst, entfernst du dich deshalb immer weiter von ihm, und wenn du Ausschau nach ihm hältst, wendest du dich umso mehr von ihm ab.

ZEN-MEISTER LINJI (RINZAI, GEST. UM 866)

In den Läden blühen Blumen zur Unzeit und sind die verschiedensten Sorten Obst und Gemüse das ganze Jahr über erhältlich. In der modernen Welt sind die freudige Erregung, nach einem langen Winter die ersten Blumen blühen zu sehen, oder die zärtliche Wehmut beim Anblick der letzten Blumen des Herbstes unbekannte Empfindungen …

Von Anfang an sind wir abgeschnitten von der natürlichen Umwelt, die diese Empfindungen in unseren Herzen kultivieren würde, und es beginnt alles mit der Vorstellung, wir könnten uns mit Geld jeden Wunsch erfüllen …

Unsere Wünsche – die Blumen, die wir lieben, immer sehen und unsere Lieblingsobst- und -gemüsesorten jederzeit essen zu können – verquickten sich mit einem anderen weitverbreiteten Wunsch, nämlich dem, Profite zu machen. Um diese Wünsche zu erfüllen, sind die Möglichkeiten der modernen Technik bis ins Maßlose ausgenutzt worden. Am Ende ist alles kommerziell verfügbar und käuflich und das Resultat ist eine wesenhaft leblose Welt. Wir dürfen nicht vergessen, dass Menschen, die in einer solchen Situation leben, nach und nach immer materialistischer und gefühlloser werden. Ihre Herzen werden gleichsam »plastifiziert« und haben keinen Platz mehr für die buddhistische Wahrheit, dass Leben und Tod, so wie sie sind, das Nirvana sind.

SHUNDO AOYAMA

Unsere menschlichen Schwierigkeiten entstehen aus unseren Wünschen. Aber nicht alle Wünsche schaffen Probleme. Es gibt zwei Arten von Wünschen: Forderungen (»Das muss ich einfach haben«) und Vorlieben. Vorlieben sind harmlos; wir können so viele haben, wie wir wollen. Wünsche, die Erfüllung *fordern*, sind das Problem. Es ist, als hätten wir dauernd Durst, und um unseren Durst zu stillen, versuchen wir, einen Schlauch an einem Wasserhahn in der Mauer des Lebens zu befestigen …

Was sind das für Wasserhähne, die wir anzuzapfen versuchen, um unseren Durst zu stillen? Der eine könnte eine Stelle sein, die wir unbedingt haben wollen. Der andere ist vielleicht »der richtige Partner« oder »ein wohlerzogenes Kind« …

Etwas Seltsames geschieht, wenn wir alle Erwartungen aufgeben. Wir erhaschen einen Blick von einem neuen Wasserhahn, der unsichtbar war. Wir schließen unseren Schlauch daran an und entdecken zu unserer Freude, dass das Wasser nur so sprudelt. Wir denken: »Jetzt hab ich's gefunden! Ich hab's!« Und was geschieht? Wieder versickert das Wasser. Wir haben unsere Erwartungen auf das Üben selbst gerichtet und wieder beginnt der Durst.

Das Üben muss ein Prozess dauernder Enttäuschung sein. Wir müssen sehen, dass alles, was wir fordern (und sogar bekommen), uns schließlich enttäuscht. Diese Entdeckung ist unser Lehrer.

CHARLOTTE JOKO BECK

Ein hungriger Hund kaut
einen trockenen Knochen.

SOIKU SHIGEMATSU (ÜBERS.)

Ich habe einmal eine Geschichte über einen Mönch gelesen, der um Aufnahme in ein Kloster bat. Während er vor dem Tor des Klosters saß, sah er jemanden mit einem großen Bündel die Landstraße entlangkommen. Er sprang auf und rannte auf den Mann zu, um ihm die Last abzunehmen, und als der Abt das sah, wies er ihn augenblicklich ab. Erscheint euch das mitleidslos? Diese Geschichte will uns begreiflich machen, dass jeder seine Last selbst tragen muss – und davon lernen und daran wachsen und reifen. Wenn wir gereift vor dem Tor sitzen, dann wissen wir auch, wann es angebracht ist, unsere Hilfe anzubieten, und wann, dem anderen zu gestatten, seine Bürde selbst zu tragen, seine Arbeit selbst zu erledigen. Wir sind hier, um einander zu helfen, einander zu unterstützen – aber nicht, um uns einzumischen, und nicht, um jemand anderes Leiden oder Last auf uns zu nehmen. Wir spüren jeder des anderen Schmerz, weil wir *ein* Körper und *ein* Geist sind, aber wir müssen einander unsere eigenen Erfahrungen zugestehen und unseren jeweiligen Beitrag leisten.

MAURINE STUART

Praxis bedeutet nicht, dass alles, was ihr tut, zum Beispiel euch hinzulegen, Zazen ist. Wenn die Einschränkungen, die ihr habt, euch nicht begrenzen – das ist es, was wir unter Praxis verstehen. Wenn ihr sagt: »Was immer ich tue, ist Buddha-Natur, deshalb ist es ganz gleich, was ich tue, und es ist nicht nötig, Zazen zu üben«, dann ist das bereits ein dualistisches Verständnis unseres täglichen Lebens. Wenn es tatsächlich ganz gleich wäre, bräuchtet ihr das nicht einmal zu sagen. Solange ihr damit beschäftigt seid, was ihr tut, ist das dualistisch. Wenn ihr nicht damit beschäftigt seid, was ihr tut, werdet ihr das nicht erst sagen. Wenn ihr sitzt, dann sitzt ihr. Wenn ihr esst, dann esst ihr. Das ist alles. Wenn ihr aber sagt: »Es ist ganz gleich«, heißt das, dass ihr einen Vorwand sucht, um etwas auf eure eigene Art, mit eurem kleinen Geist zu tun. Das heißt, dass ihr an etwas oder an einer bestimmten Weise anhaftet. Das meinen wir nicht, wenn wir sagen: »Einfach nur sitzen ist genug« oder »Was immer man tut, ist Zazen.« Natürlich ist, was immer wir tun, Zazen, aber wenn das so ist, dann braucht man es nicht zu sagen.

SHUNRYU SUZUKI

Große Bäume haben große Nutzanwendungen; kleine Bäume haben kleine Nutzanwendungen. Gutes und Schlechtes kann alles auf seine jeweilige Weise genutzt werden. Nichts ist zu verwerfen. Behalte gute wie schlechte Freunde. Du darfst nichts zurückweisen. Das ist wahrer Buddhismus.

ZEN-MEISTER KYONG HO (1849–1912)

Der Buddhismus ist kein System von Doktrinen. Er kennt keine Dogmen. Er lehrt uns lediglich, wie wir Buddhas werden können. Er ist ein Weg der spirituellen Selbstentfaltung, aber vor allem ist er – zuerst, letztlich und immer – ein Weg des Handelns, eine Weise zu handeln. Wir müssen etwas damit tun. Wir sitzen nicht nur herum und reden über ihn oder sitzen auf unseren Polstern und schlucken ihn ganz in uns hinein. Wir verschenken ihn; wir strahlen ihn aus. Es gibt keine Abkürzungen; es gibt keine Umgehungsstraßen. Es gibt keinen augenblicklich wirkenden Zaubertrank. Wir müssen ihn selbst gehen, allein auf unseren zwei Füßen; dennoch sind wir ständig unserer wechselseitigen Bezogenheit gewahr. Durch jeden Gedanken, jede Handlung können wir einander helfen oder behindern. Wir machen einen Schritt auf einmal, genau wie beim *kinhin* [der Geh-Meditation]. Nur einen Schritt auf einmal. Was wir tun, wird nicht vollkommen sein, das wissen wir. Aber wie R. H. Blyth sagt: »Vollkommenheit bedeutet nicht vollkommenes Handeln in einer vollkommenen Welt, sondern angemessenes Handeln in einer unvollkommenen Welt.«

MAURINE STUART

Dogen, der Zen-Meister, der im 13. Jahrhundert die Tradition der Soto-Schule nach Japan brachte, sagte:

Den Weg studieren heißt das Selbst studieren.
Das Selbst studieren heißt das Selbst vergessen.
Das Selbst vergessen heißt von den zehntausend Dingen erleuchtet werden.

Eine zentrale Lehre des Zen besagt: Wenn wir aufbrechen und uns auf den Weg machen, treten wir in uns ein. Wir beginnen mit dem Studium der Möglichkeiten, das Selbst zu studieren. Sobald wir anfangen, das Licht des Hinterfragens auf uns selbst zu richten – zu meditieren und Sammlung und Achtsamkeit zu erleben –, entdecken wir, dass der Weg nicht außerhalb von uns liegt, dass Studieren bedeutet, da anzufangen, wo wir sind, mit jedem einzelnen Atemzug: »Den Weg studieren heißt das Selbst studieren.«

SENSEI PAT ENKYO O'HARA,
Village Zendo, New York City

Huai-jang [677–744] beobachtete einen Mönch mit Namen Ma-tsu [709–788], der die Angewohnheit hatte, den ganzen Tag lang Zazen zu üben. Da er erkannte, dass dies kein gewöhnlicher Mönch war, fragte Huai-jang ihn: »Warum übst du unentwegt Zazen?« Ma-tsu antwortete: »Um Buddhaschaft zu erlangen.« Huai-jang hob einen Ziegel auf und fing an, ihn kräftig zu reiben. Nach einer Weile fragte Ma-tsu: »Was tust du da?« Huai-jang antwortete: »Ich poliere diesen Ziegel zu einem Spiegel.« Ma-tsu sagte: »Das ist Unsinn. Seit wann kann man durch Polieren aus einem Ziegel einen Spiegel machen?!« Huai-jang entgegnete: »In der Tat. Und wie kann man durch Zazen-Üben ein Buddha werden?« Daraufhin fragte Ma-tsu: »Was soll ich tun?« Huai-jang sagte: »Wenn der Ochse den Karren nicht ziehen will, schlägst du den Karren oder den Ochsen?« Ma-tsu wusste nicht, was er darauf erwidern sollte. Also sagte Huai-jang: »Übst du Zazen, um Ch'an zu erlangen oder um ein Buddha zu werden? Wenn's um Ch'an geht, ist Ch'an weder Sitzen noch Liegen; wenn's um Buddhaschaft geht, hat Buddha keine Form. Da der Dharma keine beständige Form hat, sollte es kein Festhalten, kein Zurückweisen geben. Deine Anhaftung am Sitzen hindert dich daran, Buddhaschaft zu verwirklichen, und sie tötet außerdem den Buddha.«

SHENG-YEN

Eine Blume blüht:
Frühling überall.

SOIKU SHIGEMATSU (ÜBERS.)

Das ›Herz-Sutra‹ lehrt, dass »Form Leere ist und Leere Form«. Viele wissen nicht, was das bedeutet – selbst eine Reihe von Leuten nicht, die seit vielen Jahren meditieren. Aber das können wir auf ganz einfache Weise in unserem täglichen Leben erfahren. Nehmen wir an, wir hätten hier einen hölzernen Stuhl. Er ist braun. Er ist solide und schwer. Er sieht so aus, als könnte er sehr lange halten. Man setzt sich auf den Stuhl und er trägt das Gewicht des Sitzenden. Man kann Sachen darauf abstellen. Aber dann steckt man den Stuhl in Brand und geht. Wenn man später zurückkommt, ist der Stuhl nicht mehr da! Das Ding, das so solide und stark und real aussah, ist jetzt nur noch ein Häufchen Glut und Asche, die der Wind verstreut. Dieses Beispiel zeigt, dass der Stuhl leer ist: Er ist kein beständiges, dauerhaftes Ding. Er verändert sich fortwährend. Er hat keine unabhängige Existenz. Über kurz oder lang wird sich der Stuhl verändern und zu etwas anderem werden als er jetzt zu sein scheint. Also ist dieser braune Stuhl vollkommene Leere. Aber obwohl er immer die Qualität der Leere besitzt, ist diese Leere Form: Man kann sich auf den Stuhl setzen und er trägt einen. »Form ist Leere und Leere ist Form.«

ZEN-MEISTER SEUNG SAHN

Erwachen ist, wie unsere Aufmerksamkeit von den Fingern abzuziehen und sie voll und ganz auf die Handfläche zu richten. Die Finger sind die verschiedenen Weisheitslehren, einschließlich des Buddhismus. Die Finger sind die persönliche und die soziale Identität. Diese Finger büßen auch jetzt nichts von ihrer harmonischen Funktionalität ein, aber die neue Orientierung an der Handfläche ist einzigartig. Sie lässt sich nur fühlen, niemals beschreiben. Wie ist doch das traditionelle Bild für die Erleuchtung …? Eine reife Frucht, in die offene Hand gelegt. Wenn der Erwachte die Hand öffnet und zur abhaya-mudra erhebt, erfahren diejenigen, die Zeugen dieser Geste werden, die Furchtlosigkeit vollkommener Nichtdualität. Verweile in der Handfläche!

LEX HIXON

Bevor wir noch praktizieren, ist Erleuchtung schon da. Doch gewöhnlich verstehen wir die Praxis von Zazen und die Erleuchtung als zwei verschiedene Dinge: Hier ist die Praxis, wie eine Brille, und wenn wir die Praxis benutzen, wie man eine Brille aufsetzt, dann sehen wir Erleuchtung. Das ist das falsche Verständnis. Die Brille selbst ist Erleuchtung, und sie aufzusetzen ist ebenfalls Erleuchtung. Was immer ihr also tut, auch wenn ihr gar nichts tut, Erleuchtung ist immer da. Das ist Bodhidharmas Verständnis von Erleuchtung.

SHUNRYU SUZUKI

Vierundfünfzig Jahre lang
Den Himmel mit Sternen behängt.
Jetzt spring ich hindurch –
Ein Geklirr!

ZEN-MEISTER DOGEN (1200–1253)

Schieb alle Betroffenheit beiseite und lass die Myriade Dinge ruhen. Zazen heißt, nicht Gutes denken, nicht Schlechtes denken. Es ist kein bewusstes Bemühen. Es ist keine Innenschau.

Begehre nicht, ein Buddha zu werden; kümmere dich nicht darum, ob du sitzt oder liegst. Sei maßvoll in Essen und Trinken. Sei achtsam auf das Vergehen der Zeit und übe dich in Zazen, als ginge es um dein Leben!

ZEN-MEISTER DOGEN (1200–1253)

Senzaki Sensei fragte oft: »Wenn ihr einen Hund bellen hört, denkt ihr dann an euren eigenen Hund?« Das ist eine sehr interessante Frage. Denn wenn wir das tun, finden wir uns sehr schnell – im selben Augenblick sogar – ganz woanders wieder: Stöckchen werfend auf irgendeiner Wiese, zu irgendeiner anderen Zeit. Wir folgen dann dem Geräusch und seinen Assoziationen, immer weiter und weiter. Unser Geist ist ungefestigt, in der Schwebe, und so können uns Klänge und Formen an der Nase herumführen. Wir sind dem Bellen ausgeliefert. Wenn wir aber in der Stille verweilen, dann ist das Bellen uns ausgeliefert – dann ist es unser eigenes Bellen.

ROBERT AITKEN

Beim Üben von Zazen dürft ihr die Gedanken, die sich erheben, weder hassen noch lieben. Durchdringt einzig und allein forschend den eigenen Geist, Ursprung dieser Gedanken, bis zum Äußersten. Wisset, dass alles, was in eurem Bewusstsein auftaucht, alles, was ihr mit Augen seht, ein Wahngebilde ohne jede Wirklichkeit ist. Also sollt ihr solches weder fürchten noch schätzen, weder lieben noch verabscheuen. Wenn ihr euren Geist im Zustand leerer Weite haltet, von all solchem ungefärbt, so kann selbst in der Todesstunde kein böser Geist euch einen Schaden tun. Beim Üben von Zazen jedoch behaltet auch nicht einen dieser Ratschläge im Sinn. Ihr müsst einzig zu der Frage werden: »Was ist mein Eigener Geist?« oder auch: »Was nur ist dieser Meister, der in diesem Augenblick all die Laute vernimmt?« Wenn ihr durch Erleuchtung dieses Geistes innewerdet, wisst ihr, dass er der Ursprung aller Buddhas und Geschöpfe ist.

ZEN-MEISTER BASSUI TOKUSHO (1327–1386)

Wenn man sich auf die Suche nach einem Lehrer macht, ist es sehr wichtig, einen »Anfängergeist« zu haben und sich nicht an vorgefasste Ideen zu klammern, wie ein Zen-Lehrer aussieht oder wie sich ein Zen-Lehrer verhält oder wie ein Zen-Lehrer sein sollte. Versucht einfach einen offenen Geist zu haben. Was ich meine, veranschaulicht ein herrliches Koan, das »Joshus Holzbrücke« heißt. Joshu (Chao-chou) war der große Lehrer des t'angzeitlichen China, und was er sagte, war so wunderbar, dass, während er sprach, Lichtfunken aus seinem Mund gesprüht sein sollen. Er wohnte auf einem Berg, auf dem sich eine steinerne Brücke befand, die wegen ihrer Schönheit in ganz China berühmt war. Einmal kam ein arroganter junger Mönch zu seiner Einsiedelei und rief: »Ich kam, um die Steinbrücke von Joshu zu sehen, aber alles, was ich hier sehe, ist eine aus Holz.« Joshu sah ihn fest an und sagte: »Du siehst nur eine hölzerne Brücke? Nun, sie lässt Pferde hinüber. Sie lässt Esel hinüber. Komm rüber.« Schüler bekommen, was sie sehen. Wo auch immer Schüler sein mögen, hier ist der Lehrer, der sie in Empfang nimmt: genau hier, für jeden bereit – für einen Esel ebenso wie für ein Pferd.

SENSEI PAT ENKYO O'HARA,
Village Zendo, New York City

Mang Gong und Zen-Meister Kyong Ho [1849–1912] gingen durch einen Wald, als sie von einem plötzlichen Wolkenbruch überrascht wurden. Sie stellten sich in einer Art Höhle unter, die von großen Felsblöcken gebildet wurde. Kaum waren sie im Trockenen, als Kyong Ho anfing, immer wieder Blicke nach einem großen Steinblock zu werfen, der über ihren Köpfen hing. Auf die Dauer beunruhigte dies Mang Gong ein wenig. Er fragte: »Sunim, warum siehst du dauernd auf diesen Stein?«

»Ich habe Angst, dass der Felsblock auf uns herabstürzen könnte.«

»Wie sollte dieser riesige Felsblock denn herunterfallen?«, fragte Mang Gong überrascht. Kyong Ho sagte: »Der sicherste Ort ist der gefährlichste.«

MU SOENG

Unsere ursprüngliche Buddha-Natur ist in höchster Wahrheit bar des kleinsten Krümels Objektivität. Sie ist leer, allgegenwärtig, schweigsam, rein; sie ist herrliche, unerforschliche friedvolle Glückseligkeit – und das ist alles. Tritt ganz in sie ein, indem du zu dir selbst erwachst. Was vor deinen Augen ist, ist sie, in all ihrer Fülle, absolut vollkommen. Es gibt nichts außer ihr. Selbst wenn du alle Stufen der Laufbahn eines Bodhisattva zur Buddhaschaft erklimmen solltest, eine nach der anderen; wenn du zuletzt, in einem einzigen Augenblick, die vollkommene Erkenntnis erlangst, wirst du damit nur die Buddha-Natur erkennen, die die ganze Zeit bei dir gewesen ist; und durch alle davor erklommenen Stufen wirst du sie um keinen Deut vermehrt haben.

CH'AN-MEISTER HUANG PO (GEST. 850)

Es gibt eine Geschichte von drei Leuten, die einen Mönch auf einem Hügel stehen sahen. Nachdem sie ihn eine Weile betrachtet hatten, sagte einer der drei: »Er ist wahrscheinlich ein Hirte, der nach einem verlorenen Schaf Ausschau hält.« Der Zweite sagte: »Nein, er sieht ja gar nicht umher. Ich glaube, er wartet auf einen Freund.« Und der Dritte meinte: »Wahrscheinlich ist er ein Mönch, ich wette, er meditiert.« Sie begannen zu streiten über das, was der Mönch wohl täte, und machten sich schließlich auf den Weg zu ihm, um den Streit zu schlichten. »Haltet Ihr nach einem Schaf Ausschau?«

»Nein, ich habe kein Schaf, nach dem ich Ausschau halten könnte.«

»Oh, dann wartet ihr gewiss auf einen Freund?«

»Nein, ich warte auf niemanden.«

»Nun, dann meditiert ihr wohl?«

»Nein, ich stehe einfach hier. Ich tue überhaupt nichts.«

Es fällt uns sehr schwer, uns jemanden vorzustellen, der einfach dasteht und nichts tut, da wir immerzu fieberhaft versuchen, irgendwohin zu gelangen und etwas zu tun. Es ist unmöglich, diesen Augenblick zu verlassen, dennoch versuchen wir es meistens.

Wir gehen mit der gleichen Einstellung an das *zen*-Üben heran: »Ich weiß, dass irgendwo da draußen die Buddha-Natur sein muss. Wenn ich lange genug Ausschau halte und ausdauernd genug sitze, werde ich sie schließlich finden.« Doch die Buddha-Natur zu sehen, erfordert, dass wir all das fallen lassen und jeden Augenblick vollständig erleben, damit wir bei jeder Tätigkeit – ob wir nach einem verlorenen Schaf suchen, auf einen Freund warten oder meditieren – einfach dastehen, in diesem Augenblick, und nichts tun.

CHARLOTTE JOKO BECK

Eines Tages sagte Meister Ungo zur Versammlung: »Wenn ihr so etwas erlangen wollt, müsst ihr so ein Mensch sein. Da ihr so ein Mensch seid, wozu sich wegen so etwas noch ein Bein ausreißen?«

ZEN-MEISTER DOGEN (1200–1253)

Der Name »Zen« ist vom Sanskritwort *dhyana* abgeleitet, was so viel wie »Meditation« bedeutet. Durch Meditation bringen Zen-Schüler ihre Gedanken zur Ruhe und werden des leeren Geistes gewahr, in dem diese enthalten sind. So wie die schwebenden Teilchen in einem Glas schlammigen Wassers sich setzen und das Wasser klar wird, sobald das Glas nicht mehr geschüttelt wird, so setzen sich die Gedanken, sobald der Geist nicht mehr erregt ist, und das Bewusstsein wird klar. Aber Zen ist nicht gleich Meditation. Zu einem Macho-Meditator werden, der viele Tage hindurch am Stück aufrecht dasitzen kann, ist kein Zen. Das ist einfach ein neues spirituelles Selbst. Zen ist Nichtselbst.

TIMOTHY FREKE

Wir müssen nicht nur achtsam sein, sondern uns – unablässig wachsam – in Acht nehmen, dass wir uns nicht in konventionelle Begriffe und weltlichen Schein verlieben. Selbst die erhabenen Bezeichnungen, die direkt auf ihr Objekt hinweisen, wie Soto-Zen oder Großer Weg, können zu bloßer Konvention, reiner Übereinkunft werden. Dies würde bedeuten, zu den Eisenketten noch goldene Ketten hinzuzufügen. Die Begriffe »männlich« und »weiblich« beispielsweise sind konventionelle Bezeichnungen, die in keinerlei Beziehung zur grundlegenden Tatsache des Gewahrseins stehen. Selbst und Nichtselbst, empfindend und nichtempfindend – solche Begriffspaare bezeichnen Polaritäten, die für das ursprüngliche Wachsein überhaupt nicht existieren. Wenn man sich zum Sklaven von kulturspezifischen und persönlichen Denk- und Wahrnehmungsgewohnheiten macht, können alle Formen zur Blindheit werden – einschließlich des schönen goldenen Buddhas …

LEX HIXON

Die Beziehung zwischen Lehrer und Schüler ist ein eminent wichtiger Aspekt des Zen-Buddhismus. In früheren Zeiten zogen die Menschen auf der Suche nach einem Zen-Lehrer von Berg zu Berg. Heutzutage würde man eher verschiedene Zen-Center aufsuchen, bis man jemanden gefunden hat, mit dem man zusammenarbeiten kann. Aber wie weiß man, ob man den richtigen Menschen gefunden hat? Es gibt ein paar hilfreiche Fragen, die man sich dazu stellen kann:

Kann ich mit diesem Lehrer Risiken eingehen?
Kann ich vor diesem Lehrer wie ein Idiot dastehen?
Kann ich diesem Lehrer »Ich weiß nicht« sagen?

Wenn ihr alle diese Fragen mit »ja« beantworten und somit diesem Mann oder dieser Frau in allen diesen Punkten vertrauen könnt, dann habt ihr wahrscheinlich einen Lehrer gefunden, der für euch gut ist. Wenn ihr nicht »ja« antworten könnt, dann werdet ihr einfach zehn Jahre vergeuden.

SENSEI PAT ENKYO O'HARA,
Village Zendo, New York City

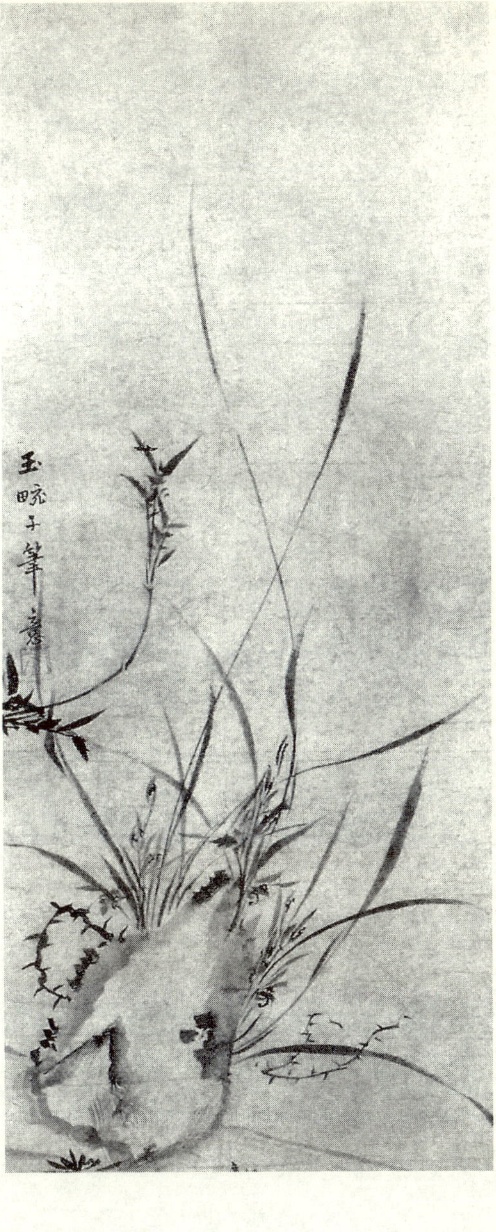
玉畹子筆意

Lehrer und Schüler sind wie die Glocke und ihr Klang. Schüler und Lehrer sind wie einander kreuzende Schnüre eines Fischernetzes – Knoten, keine gesonderten Fäden. Wenn der Lehrer bereit ist, wird der Schüler erscheinen.

LEX HIXON

Blau
aus Indigo
ist blauer als Indigo;

Eis
aus Wasser
kälter als Wasser.

SOIKU SHIGEMATSU (ÜBERS.)

Unter der wolkigen Klippe, nah der Tempeltür,
Zwischen dunklen Frühlingspflanzen auf dem Teich,
Springt ein Frosch ins Wasser: Platsch!
Erschrocken lässt der Dichter seinen Pinsel fallen.

ZEN-MEISTER SENGAI (1750–1837)

Als er von seiner Studien- und Pilgerreise zurückgekehrt war, zeichnete ein Jünger vor Meister Hui-neng, dem sechsten Patriarchen, einen Kreis in den Sand, stellte sich hinein und verneigte sich. Der Meister fragte: »Möchtest du daraus einen Buddha machen oder nicht?«

Der Mönch antwortete: »Ich weiß nicht, wie ich die Augen machen sollte.«

Der Meister bemerkte: »Ich kann's kein bisschen besser als du.«

Der Jünger erwiderte darauf nichts.

TAO YÜEN (11. JAHRHUNDERT)

Durch hingebungsvolles Studium, das der Intuition freien Lauf lässt, wird das Denken vom Licht des Buddha-Geistes erleuchtet und wir »sehen« mit einem Mal – erst andeutungsweise, dann plötzlich mit voller Klarheit – eine Welt, die zwar noch immer durch Dualität bestimmt ist, aber in der die Gegensatzpaare gleichzeitig als »Zwillingsaspekte« einer untrennbaren Wirklichkeit deutlich werden. Hier und nur hier liegt die Lösung des Problems der Überwindung der Gegensätze, nämlich dass diese nicht erforderlich ist. Wie Nagarjuna, der größte Denker in der Geschichte des Buddhismus, schreibt: »Es besteht nicht der geringste Unterschied zwischen Nirvana und Samsara; was die Grenze des Nirvana ist, das ist auch die Grenze der Welt. Zwischen den beiden können wir nicht den leisesten Schatten eines Unterschieds erkennen.«

CHRISTMAS HUMPHREYS

Es war einmal ein Fischkind, das fragte einen älteren, größeren Fisch nach dem Meer.

»Was ist das Meer?«, fragte es. »Ständig reden die Leute davon, aber ich weiß nicht, was es ist.«

»Na, das Meer ist rings um dich herum, mein Kleiner«, sagte der erwachsene Fisch.

»Wenn das so ist, warum kann ich es dann nicht sehen?«, fragte der junge Fisch.

»Weil es überall ist. Es umgibt dich. Es ist in dir drin und außerhalb von dir. Du bist im Meer geboren und du wirst einmal im Meer sterben. Aber das ist noch nicht alles: Du selbst bist das Leben des Meeres. Wenn du schwimmst, offenbarst du dessen Da-Sein. Gerade weil es dir so nah ist, fällt es dir so schwer, es zu sehen. Aber keine Sorge: Es ist hier.«

RAFE MARTIN UND MANUELA SOARES

Wenn alle Dinge Buddha-Dharmas sind, dann gibt es Verblendung und Erleuchtung, gibt es die Kultivierung der Übung, gibt es Geburt, gibt es Tod, gibt es Buddhas, gibt es empfindende Wesen. Wenn die Myriaden Dinge alle Nicht-Selbst sind, dann gibt es keine Verblendung, keine Erleuchtung, keine Buddhas, keine empfindenden Wesen, keine Geburt, keinen Tod. Da der Buddha-Weg ursprünglich aus Überfluss und Mangel hervorging, gibt es Geburt und Tod, Verblendung und Erleuchtung, empfindende Wesen und Buddhas. Weiterhin, obwohl dem so ist, fallen Blüten, wenn wir uns an sie klammern, und wachsen Unkräuter nur, wenn wir sie ablehnen.

ZEN-MEISTER DOGEN (1200–1253)

Wünsche dir keine vollkommene Gesundheit. In vollkommener Gesundheit liegen Gier und Verlangen. So sagte ein früherer Meister: »Stelle aus dem Leiden des Krankseins gute Medizin her.«

Hoffe nicht auf ein Leben ohne Probleme. Ein einfaches Leben führt zu einem wertenden und bequemen Geist. So sagte ein früherer Meister einmal: »Akzeptiere die Ängste und Schwierigkeiten dieses Lebens.«

Erwarte nicht, dass deine Übung immer frei von Hemmnissen sei. Ohne Hindernisse könnte der nach Erleuchtung strebende Geist leicht ausglühen. So sagte ein früherer Meister einmal: »Finde unter Widrigkeiten zur Erlösung.«

ZEN-MEISTER KYONG HO (1849–1912)

Wenn ihr Zazen praktiziert, werdet ihr normalerweise sehr idealistisch: Ihr setzt euch ein Ideal oder ein Ziel, das ihr zu erreichen oder zu erfüllen sucht. Aber, wie ich schon oft gesagt habe, ist das absurd. Wenn ihr idealistisch seid, dann habt ihr die Vorstellung, etwas zu erlangen. Sobald ihr euer Ideal oder Ziel erreicht habt, wird diese Vorstellung sich ein neues Ideal schaffen. Solange eure Praxis also auf einer Vorstellung von Gewinn gegründet ist und ihr Zazen auf eine idealistische Weise praktiziert, habt ihr keine Zeit, euer Ideal tatsächlich zu erreichen. Außerdem opfert ihr dabei die eigentliche Substanz eurer Übung. Weil das, was ihr zu erreichen trachtet, immer vor euch liegt, werdet ihr euch immer für ein Ideal in der Zukunft opfern. Am Ende habt ihr gar nichts.

SHUNRYU SUZUKI

Wenn du etwas erreichen willst, dann solltest du unverzüglich beginnen, dich darum zu bemühen. Für eine intensive Zen-Meditation ist ein ruhiger Raum zu empfehlen. Iss und trink mit Maßen. Lass alle Objekte des Geistes los, nimm eine Ruhepause von allen Sorgen, denke nicht an Gut oder Böse, bekümmere dich nicht um Recht oder Unrecht: Halte alle Tätigkeit des Gemüts, des Verstandes und des Bewusstseins an und bringe alles Denken, Vorstellen und Meinen zum Stillstand. Strebe nicht an, ein Buddha zu werden; und wie könnte dies auch auf eine Frage von Sitzen oder Liegen reduziert werden?

ZEN-MEISTER DOGEN (1200-1253)

Gleichgültig, wie viele Jahre du damit zubringst, Zazen zu üben, du wirst nie etwas Besonderes werden.

ZEN-MEISTER SAWAKI

Wird die Erleuchtung plötzlich oder graduell eintreten? Ich kann diese ewige Frage nicht beantworten, weil ich den Unterschied zwischen den zwei Möglichkeiten nicht erkennen kann. Natürlich sind die Jahre und Existenzen der Vorbereitung »graduelle«, also aufeinander bauende Stufen; natürlich ist jede Erfahrung des Absoluten plötzlich, insofern als sie sich in »Nichtzeit« ereignet. Wir gehen ins Meer hinein, knöcheltief, hüfttief, noch tiefer … und plötzlich erfasst uns das Meer und wir schwimmen. Wolken und Erde laden sich an einem schwülen Tag immer mehr mit positiver und negativer Elektrizität auf. Die Spannung braucht Zeit, um sich aufzubauen, aber sie entlädt sich plötzlich, in einem Blitz. Unsere Augen sind geschlossen; endlich öffnen wir sie und »sehen« plötzlich. Lasst sie uns öffnen und sehen – nicht das Himmelreich, sondern die Welt um uns, angefüllt mit – leuchtend vor – als unmittelbarer Ausdruck von – Zen.

CHRISTMAS HUMPHREYS

Eines Abends erreichte der Mönch Won Hyo [617–686] während seiner Wanderung durch die Wüste eine kleine Oase und machte dort Rast. Gegen Mitternacht wachte er durstig auf – es war stockfinster. Er kroch auf allen vieren umher und suchte nach Wasser. Endlich berührte seine Hand einen Napf. Er hob ihn vom Boden auf, führte ihn an die Lippen und trank. Ah, wie köstlich! Dann verneigte er sich tief und dankte dem Buddha für die Gabe des Wassers. Am nächsten Morgen wachte Won Hyo auf und sah neben sich, was er während der Nacht für einen Napf gehalten hatte: Es war ein zertrümmerter Schädel, blutverkrustet und mit verdorrten Fleischfetzen, die noch an den Wangenknochen hafteten. Seltsame Insekten krabbelten oder schwammen auf der Oberfläche des schmutzigen Regenwassers, das sich in der Hirnschale gesammelt hatte. Won Hyo starrte den Schädel an und spürte, wie eine gewaltige Woge des Ekels in ihm aufstieg. Er riss den Mund auf. In dem Moment, da das Erbrochene hervorschoss, öffnete sich sein Geist und er verstand. Letzte Nacht war das Wasser, da er nichts gesehen und nichts gedacht hatte, köstlich gewesen. Heute morgen hatten ihn Sehen und Denken dazu gebracht, sich zu übergeben. Ah, sagte er zu sich, das Denken schafft Gut und Böse, Leben und Tod. Und ohne Denken gibt es kein Universum, keinen Buddha, keinen Dharma. Alles ist eins und dieses Eine ist leer. Jetzt war es für Won Hyo nicht mehr nötig, einen Meister zu finden. Er verstand bereits das Wesen von Leben und Tod. Was gab es sonst noch zu lernen? Also kehrte er um und machte sich wieder auf den Weg zurück nach Korea.

MU SOENG

Wenn Menschen die Erleuchtung erlangen, ist das, wie wenn der Mond sich im Wasser spiegelt. Der Mond wird nicht nass, das Wasser wird nicht durchstoßen. Obwohl es ein gewaltiges, ungeheures Licht ist, hat es Platz in einem kleinen bisschen Wasser – selbst der ganze Mond, der ganze Himmel haben Platz in einem Tautropfen im Gras, ja selbst im winzigsten Tröpfchen Wasser. Die Erleuchtung zerschmettert den Menschen nicht, wie der Mond das Wasser nicht zerteilt. Der Mensch schränkt die Erleuchtung nicht ein, wie der Tautropfen den Mond am Himmel nicht einschränkt.

ZEN-MEISTER DOGEN (1200–1253)

Zwischen einem *Nyorai* [d. h. einem zu höchster Vollkommenheit gelangten Buddha] und uns gewöhnlichen Menschen besteht der Wesenheit nach kein Unterschied. Diese »Wesenheit« kann man mit dem Wasser vergleichen. Eines der auffallendsten Merkmale des Wassers ist seine Anpassungsfähigkeit: Gießt man es in ein rundes Gefäß, so wird es rund, gießt man es aber in ein eckiges, so wird es eckig. Wir besitzen die gleiche Anpassungsfähigkeit. Da wir aber in Unkenntnis unseres wahren Wesens in Banden und Fesseln leben, haben wir diese Freiheit verwirkt. Verfolgen wir diese Metapher weiter, so können wir sagen, dass der Geist des Buddha gleich einem ruhigen, tiefen und kristallklaren Wasser ist, in dem der »Mond der Wahrheit« sich ganz und vollkommen spiegelt. Der Geist des gewöhnlichen Menschen hingegen gleicht trübem Wasser, das, dauernd von den heftigen Winden verblendeten Denkens aufgewühlt, nicht mehr imstande ist, den Mond der Wahrheit zu spiegeln. Nichtsdestoweniger scheint der Mond unwandelbar auf die Wogen. Da aber die Wasser aufgerührt sind, vermögen wir seine Spiegelung nicht zu sehen. So führen wir ein Leben, das sinnlos und voller Vereitelungen ist.

Wie können wir es dahin bringen, dass der Mond der Wahrheit unser Leben und unsere Persönlichkeit voll erleuchtet? Zuerst müssen wir das Wasser reinigen, die aufwallenden Wogen glätten, indem wir dem Wind der diskursiven Gedanken Einhalt gebieten. Mit anderen Worten: Wir müssen unseren Geist von dem entleeren, was das Kegon-Sutra »begriffliches Denken des Menschen« nennt. Die meisten Menschen werten abstraktes Denken sehr hoch, aber der Buddhismus hat klar nachgewiesen, dass das unterscheidende, urteilende Denken an der Wurzel aller Verblendung sitzt.

ZEN-MEISTER HAKUUN YASUTANI (1885–1973)

Ursprünglich war dieses Metall hässliches Gestein. Dann wurde das Gestein lange Zeit über einem sehr heißen Feuer erhitzt, bis es sich verflüssigte. Jetzt wird diese Flüssigkeit in eine Hohlform gegossen werden und die Gestalt einer großen, schönen Glocke annehmen, und sobald sie erkaltet ist, wird jemand die Glocke anschlagen und der schöne Ton wird das ganze Weltall erfüllen.

Wir alle sind wie Steine. Und wenn wir eifrig üben, erhitzen wir unser Herz zu einer großen, heißen Flamme, die unsere Gedanken und Gefühle, unsere Situation und unsere Meinung darüber schmelzen lässt, bis wir wie geschmolzenes Metall werden, bereit, die Gestalt eines großen Bodhisattva anzunehmen, der, wenn von einem Hilfeschrei angeschlagen, einen gewaltigen, tiefen Ton erzeugt, der widerhallt und das ganze Weltall erfüllt und alle Wesen beglückt.

ZEN-MEISTER SEUNG SAHN

Für alle Schulen des Mahayana ist das ›Lotos-Sutra‹ die »Perle« der Literatur und der Weisheit. Es ist wunderschön geschrieben und die Quelle vieler der Metaphern, Gleichnisse und Geschichten, die man im Buddhismus am häufigsten hört. Eine der beliebtesten Parabeln erzählt von einem Mann, der eines Abends mit seinem besten Freund ausging und bis tief in die Nacht mit ihm trank. Sein Freund, ein sehr reicher Mann, nähte ihm unbemerkt einen unschätzbar wertvollen Edelstein in den Saum des Gewandes. Doch der Mann zog weiter in Armut durch die Welt, da er nichts von seinem kostbaren Besitz wusste – genauso wie wir einen unschätzbar wertvollen Edelstein in uns tragen, aber seiner nie gewahr werden.

SENSEI PAT ENKYO O'HARA,
Village Zendo, New York City

Während ihr die Schriften lest und die Doktrinen studiert, solltet ihr alle Worte umkehren und auf euch selbst beziehen. Aber alle sprachlichen Belehrungen verweisen lediglich auf die inhärente Natur des gegenwärtigen Spiegel-Gewahrseins: Solange dieses von keinerlei existenten oder nichtexistenten Objekten beeinflusst wird, ist es euer Führer; es kann durch alle verschiedenen existenten und nichtexistenten Reiche leuchten. Dies ist diamantene Weisheit, worin ihr euren Teil Freiheit und Unabhängigkeit habt. Wenn ihr es nicht auf diese Weise verstehen könnt – und vermöchtet ihr selbst den gesamten Kanon und alle seine Wissenszweige zu rezitieren –, so würde es euch nur eingebildet machen, und dies wiederum beweist Verachtung gegen den Buddha: Es ist keine wahre Übung.

PAI-CHANG (720–814)

Im Abendland ist das alles überragende geistige Vermögen heutzutage der Intellekt. Für die meisten von uns ist er das wichtigste Werkzeug zur Erkenntnis und zum Informationsaustausch mit der Umwelt. Aber diejenigen, die sich am meisten auf dieses herrliche Instrument einbilden, sind zugleich am wenigsten bereit, dessen Beschränkungen anzuerkennen. Sie weigern sich einzusehen, dass, ebenso wie das Leistungsspektrum der Sinne eng umrissen ist und das Gefühl sich klar vom Denken abgrenzen lässt, auch das Denken auf seinen spezifischen Geltungsbereich beschränkt ist, in welchem es mehr und mehr über die Phänomene in Erfahrung bringt. Aber das Denken kann niemals *wissen* im Sinne eines unmittelbaren, direkten Gewahrseins. Das Denken muss das Ende des Gedankens erreichen, ehe das nächste Vermögen es ablösen kann. In der Natur gibt es keine Umgehungsstraßen und keine Abkürzungen.

CHRISTMAS HUMPHREYS

Die Zen-Schüler von heute haben absolut keine Ahnung von der Wahrheit. Sie sind wie herumstreunende Ziegen, die alles anknabbern, was ihnen unter die Nase kommt. Sie machen keinen Unterschied zwischen dem Diener und dem Herrn oder zwischen dem Gast und dem Gastgeber.

Solche Leute treten mit einem verbogenen Geist an das Zen heran und sind außerstande, auf dynamische Situationen angemessen zu reagieren. Sie mögen als wahre Initiierte bezeichnet werden, aber in Wahrheit sind sie durch und durch weltliche Menschen.

Um alle Anhaftungen wahrhaft aufgeben zu können, bedarf es eines wirklichen Gewahrseins, das den Erleuchteten vom Besessenen, das Echte vom Künstlichen, den Verderbten vom Weisen zu unterscheiden vermag.

Erst wenn ihr diese Unterscheidungen vornehmen könnt, kann man sagen, dass ihr wahrhaft aus der Hörigkeit hinausgetreten seid …

Nun gibt es eine zwanghafte Vernarrtheit, die sich mit wahrem Buddhismus vermischt. Der Klarsichtige durchschneidet Vernarrtheit wie Buddhismus. Wenn ihr das Heilige liebt und das Gewöhnliche verachtet, schaukelt ihr noch immer mitten im Ozean der Verblendung.

ZEN-MEISTER LINJI (RINZAI, GEST. UM 866)

Kalte Nacht. Bambus rauscht;
Sein Ton, bald rau, bald sanft,
Streicht durch das Gitterfenster.
Auch wenn das Ohr ein schwacher Geist –
Wozu, bei Lampenlicht,
Das eine Sutra-Blatt?

CH'AN-MEISTER KIDO (1185–1269)

Zu dieser unserer Zen-Doktrin: Seit sie erstmals weitergegeben wurde, hat sie nie erklärt, dass die Menschen nach Gelehrsamkeit streben oder sich Begriffe bilden sollten. »Den Weg studieren« ist nur ein bildlicher Ausdruck. Er ist nur ein Mittel, um bei Menschen, die erst am Anfang ihrer Entwicklung stehen, Interesse zu wecken. Tatsächlich ist der Weg nichts, was sich studieren ließe. Studium führt zum Denken in Begriffen und so wird der Weg vollkommen missverstanden. Außerdem ist der Weg nichts, was eine eigene Existenz besäße; er wird der Mahayana-Geist genannt – Geist, der sich weder innen noch außen noch in der Mitte befindet. In Wahrheit ist nirgendwo sein Ort.

CH'AN-MEISTER HUANG PO (GEST. 850)

Der Geist ist der Buddha, während das Nachlassen des begrifflichen Denkens der Weg ist.

CH'AN-MEISTER HUANG PO (GEST. 850)

Auch wenn der Spiegelbilder des Mondes viele sind, ist der wirkliche Mond nur einer. Auch wenn es viele Quellen gibt, besitzt das Wasser eine einzige Natur. Im Universum gibt es eine Myriade Phänomene, doch der leere Raum ist nur ein Einziger. Von vielen Prinzipien wird gesprochen, aber die »ungehinderte Weisheit« ist nur eine. Was immer eine feste Form hat, kommt doch von dem Einen Geist. Ob es erschafft oder hinwegfegt – alles ist erhabenes Wirken; alles ist Man-selbst. Es gibt keinen Ort, an dem man außerhalb der Wahrheit stünde; es ist alles das eigene Sein. Wenn es nicht so wäre, wer wäre es dann? Alle Dharmas sind Buddha-Dharmas, und alle Dharmas sind Erlösung. Erlösung ist identisch mit Soheit: Kein Dharma weicht je von der Soheit ab. Ob gehend, stehend, sitzend oder liegend – alles ist unfassbares Wirken. Die Sutras sagen, dass der Buddha überall ist.

MA-TSU (709–788)

Ryokan, ein Zen-Meister, führte das allereinfachste Leben in einer kleinen Hütte am Fuß eines Berges. Eines Abends durchwühlte ein Dieb die Hütte, musste jedoch feststellen, dass nichts zum Stehlen da war. Ryokan kam nach Hause zurück und ertappte ihn. »Du bist wohl einen langen Weg gegangen, um mich zu besuchen«, sagte er zu dem Vagabunden, »und du sollst nicht mit leeren Händen weggehen. Bitte, nimm meine Kleider als Geschenk.«

Der Dieb war verblüfft. Er nahm die Kleider und machte sich davon.

Ryokan saß nackt da und betrachtete den Mond. »Armer Kerl«, murmelte er, »ich wollte, ich könnte ihm diesen wunderschönen Mond geben.«

PAUL REPS

Ein Mond
scheint
aus jedem Teich;

In jedem Teich
der eine
Mond.

SOIKU SHIGEMATSU (ÜBERS.)

Bodhidharma [der legendäre erste Patriarch des chinesischen Ch'an] begegnete einmal dem Kaiser der Liang-Dynastie, einem gläubigen Buddhisten, der wegen seiner Frömmigkeit und seiner Mildtätigkeit berühmt war und in seinem Reich etliche Klöster und Waisenheime gestiftet hatte. Wu sagte: »Ich habe viele Tempel gestiftet und Priesterweihen gestattet – was ist mein Verdienst?« Bodhidharmas Antwort war kurz und bündig: »Keinerlei Verdienst.« Wu hatte Gutes getan mit dem Ziel, Verdienst anzusammeln. Bodhidharma drang mit einem Schlag durch Wus Ideen über Verdienst hindurch zum innersten Kern seiner Lehre, dass unsere Übung nichts von uns Getrenntes ist: Wenn unser Geist rein ist, dann leben wir in einem reinen Universum; wenn wir in Vorstellungen von Gewinn und Verlust befangen sind, dann leben wir in einer Welt der Verblendung.

Der Kaiser probierte es noch einmal: »Was ist der erste Grundsatz der heiligen Lehre?« Und wieder traf Bodhidharmas Antwort gnadenlos ins Schwarze: »Leere Weite, nichts Heiliges.« Es gibt nichts, woran man sich klammern könnte, heilig ist nur ein Wort. Das große dynamische Universum der absoluten Wirklichkeit blüht und gedeiht und es ist absolut alltäglich. Der Kaiser verstand nicht, was er sagte, und Bodhidharma verließ sein Reich …

JISHO WARNER

Der Begriff der Nichtdualität geht mit dem Begriff der Leere einher und beide werden in einem bekannten Koan miteinander verknüpft. In Bodhidharmas berühmtem Gespräch mit Kaiser Wu fragte Wu den Patriarchen, welche Verdienste er, der Kaiser, durch alle seine Stiftungen von Stupas und Klöstern erworben habe. Bodhidharma erwiderte: »Keinerlei Verdienste. Alles leer.« Er spielte damit auf die Lehre an, dass nichts irgendeinen inhärenten Wert besitzt – dass alles leer und ohne Wesen ist. Der Kaiser verstand gar nichts. Also fragte er: »Wer steht mir da gegenüber?«, und Bodhidharma sagte: »Ich weiß nicht.« Dieses Koan verweist auf die Leere und auf das Nicht-Wissen, das Ungetrenntsein.

SENSEI PAT ENKYO O'HARA,
Village Zendo, New York City

Ursprüngliches Gesicht ist die wahre Wirklichkeit:
Streck die Hand aus nach dem Vogel im Flug.
Senkrechte Nase, waagerechte Augen – und dann?
Was, wenn dein Geist leer ist?

ZEN-MEISTER TOKUGAKU (15. JAHRHUNDERT)

Dae Soen Sa Nim sagte: »In einer Bäckerei werden verschiedene Kekse in unterschiedlichen Formen gebacken, z. B. als Tiere, Autos, Menschen und Flugzeuge. Sie haben alle verschiedene Namen und Formen, aber sie sind alle aus dem gleichen Teig gemacht und schmecken alle gleich.

Genauso haben alle Erscheinungen des Universums – Sonne, Mond, Sterne, Berge, Flüsse, Menschen usw. verschiedene Namen und Formen, aber sie sind alle aus derselben Substanz gemacht. Das Universum besteht aus Gegensätzen: Licht und Dunkel, Mann und Frau, Klang und Stille, Gut und Schlecht. Aber alle diese Gegensätze entsprechen einander, sie sind aus derselben Substanz gemacht. Namen und Formen sind verschieden, die Substanz ist jedoch dieselbe. Namen und Formen entstehen durch dein Denken. Wenn du nicht denkst und unabhängig bist von Namen und Formen, dann ist alles eins. Dein Weiß-

Nicht-Geist durchtrennt das Denken. Er ist deine Substanz. Die Substanz dieses Zen-Stockes und deine Substanz sind gleich. Du bist dieser Stock, dieser Stock ist du.«

Der Schüler sagte: »Manche Philosophen sagen, diese Substanz ist Energie; manche sagen, sie ist Geist; andere behaupten, sie ist Gott oder Materie. Was ist richtig?«

Dae Soen Sa Nim erklärte: »Vier Blinde gingen in den Zoo zu einem Elefanten. Einer berührte dessen Seite und sagte: ›Der Elefant ist wie eine Mauer.‹ Ein anderer berührt den Rüssel und sagte: ›Der Elefant ist wie eine Schlange.‹ Der Dritte berührte eines seiner Beine und sagte: ›Der Elefant ist wie eine Säule.‹ Der Vierte berührte seinen Schwanz und sagte: ›Der Elefant ist wie ein Pinsel.‹ Und dann begannen die vier Männer zu streiten, denn jeder glaubte sich im Recht und erkannte nur den Teil, den er berührt hatte; keiner erkannte das Ganze.

ZEN-MEISTER SEUNG SAHN

Wie man's auch dreht und wendet, ich bin nur hier, weil meine Welt hier ist. Als ich meinen ersten Atemzug tat, wurde meine Welt mit mir geboren. Wenn ich sterbe, stirbt meine Welt mit mir. Mit anderen Worten: Ich wurde nicht in eine bereits vor mir existierende Welt hineingeboren, noch lebe ich lediglich als ein Individuum unter Millionen anderer Individuen, noch lasse ich irgendjemanden zurück, der nach mir weiterleben wird. Die Menschen begreifen sich als Mitglieder einer Gruppe oder Gesellschaft. Doch das ist nicht eigentlich wahr. Tatsächlich bringe ich meine eigene Welt ins Dasein, verlebe sie und nehme sie mit mir, wenn ich sterbe …

Ich kann nicht genug betonen, wie wesentlich es ist, sehr, sehr aufmerksam auf dieses Selbst zu achten, Ursprung aller Dinge im Universum. Du lebst gemeinsam mit deiner Welt. Erst wenn du dies vollkommen verstehst, wird sich alles auf der Welt als das Alle-Dinge-durchdringende-Selbst erweisen. Für uns Buddhisten ist dies unser Gelübde oder die Richtung, in die wir blicken. Mit anderen Worten. Wir geloben, alle empfindenden Wesen zu retten, damit dieses Selbst noch umso mehr Es-selbst werde. Danach richten wir unser Leben aus.

Shakyamuni formulierte es folgendermaßen: »Alle Welten sind meine Welt und alle empfindenden Wesen – Menschen, Dinge und Situationen – sind meine Kinder.«

ZEN-MEISTER KOSHO UCHIYAMA

Ohne die Notwendigkeit eines besonderen Motivs für Mitgefühl eilt die linke Hand der rechten zu Hilfe, sobald diese in Schwierigkeiten gerät. Diese – von aller Meditation und Überlegung unabhängige – dynamische Einheit und Wechselseitigkeit unserer zwei Hände ist die aktuelle, in jedem Moment mögliche Erfahrung der Leere als subjektloses, objektloses Mitfühlen. Diese vollkommene Wechselseitigkeit und Untrennbarkeit unserer beiden Hände übersteigt jede verbale Mitteilbarkeit und dennoch erleben wir sie alle mit unmittelbarer Klarheit.

LEX HIXON

Gestattet euch niemals, den äußeren Schein für die Wirklichkeit zu halten. Vermeidet den Fehler, in Kategorien von Vergangenheit, Gegenwart und Zukunft zu denken. Die Vergangenheit ist nicht vergangen; die Gegenwart ist ein flüchtiger Augenblick; die Zukunft steht noch nicht bevor. Wenn ihr die Zügelung des Geistes [Zazen] übt, sitzt in der richtigen Haltung, bleibt vollkommen still und lasst es nicht zu, dass die geringste Bewegung eures Geistes euch beunruhige. Nichts anderes als das ist die Erlösung.

CH'AN-MEISTER HUANG PO (GEST. 850)

Im Buddhismus lässt sich die Begegnung zwischen »ich« und »du« der Begegnung zwischen einer Mutter und ihrem Kind vergleichen.

Die Mutter sorgt für ihr Kind, aber indem sie das tut, opfert sie sich nicht etwa auf. Im Gegenteil, mit fürsorglicher Liebe sorgt sie für ihr Kind als ihr eigenes Leben. Das ›Lotos-Sutra‹ sagt: »Die drei Welten sind mein Besitz und alle empfindenden Wesen in ihnen sind meine Kinder.« Dies ist der grundsätzliche Geist des Buddhismus und der Ursprung dieses Geistes ist nichts anderes als das Sich-setzen in Zazen, das allen Unterscheidungen vorausgeht …

Nicht um eines persönlichen Vorteils oder um des Ruhmes willen geben wir auf alles gut Acht, widmen uns unserer Arbeit, lieben die Menschen, denen wir begegnen, oder stellen wir unsere Anteilnahme an sozialen Problemen unter Beweis. Ich sorge für mein eigenes Leben – ich sorge für die Welt als mein eigenes Leben – Moment für Moment, befähige in jeder Situation die Blume meines Lebens dazu, aufzublühen, und arbeite nur, auf dass das Licht des Buddha leuchten möge.

In diesem Sinne ist das Handeln aus dem Geist des Buddha in Gemeinschaft mit der ganzen Erde und allen Lebewesen ebenso das Ziel des täglichen Lebens des Zazen-Übenden wie das Ziel oder Gelübde unseres gesamten Lebens. Eben durch Zazen machen wir uns dieses Gelübde zu eigen.

ZEN-MEISTER KOSHO UCHIYAMA

Alle Menschen wissen, wie sie ihren Hunger durch Speise stillen können, aber wenige wissen genug, um als Heilmittel gegen ihre Unwissenheit den Dharma zu erlernen.

Weisheit und Übung sind wie die zwei Räder eines Karrens. Anderen frommend ebenso wie einem selbst, sind sie wie die zwei Flügel eines Vogels …

Wenn der Abend naht, bereust du, frühmorgens nicht geübt zu haben. Die weltlichen Freuden, die du jetzt genießt, werden in der Zukunft zu Leiden. Warum hängst du dann an diesen Freuden? Ein Moment Geduld wird zu Freude ohne Ende. Warum übst du dann nicht?

WON HYO (617–686)

Auf dem Übungsweg erleben wir einschneidende Veränderungen unseres Lebens. Es ist nicht mehr das, was es bisher war; dieser Prozess geht bei jedem Menschen anders vor sich. Je nach der persönlichen Konditionierung und Geschichte können das allmähliche und fast unbemerkte Veränderungen sein. Bei anderen geschehen sie in Wellen, in starken emotionalen Wellen. Es ist, als bräche ein Damm. Wir fürchten, überflutet, überwältigt zu werden, es ist, als hätten wir einen Teil des Ozeans eingedämmt, und wenn der Damm bricht, flutet das Wasser dorthin zurück, wo es hingehört. Das ist eine Erleichterung, denn nun kann es mit den Strömen des ungeheuren Ozeans fluten.

CHARLOTTE JOKO BECK

Es ist nicht lediglich nachlassende Begeisterung, wenn es mit der Übung bergab geht. Dein Körper und Geist stehen nicht mehr miteinander in Einklang. Du bist nicht mehr ein Gefäß der Einsicht. Die Amsel kann singen; der Wind kann die Birken sanft bewegen; ein Kind kann eine kluge Frage stellen – und wo ist deine Mitte? Wie kannst du reagieren?

Es ist Zeit, wieder in Einklang zu kommen, dich für Erfahrungen zu öffnen, die das Leben beglückend machen. Befolge den Ratschlag für Anfänger: Platziere deine Zazen-Matte irgendwo zwischen deinem Badezimmer und deiner Küche. Setz dich dort am Morgen hin, nachdem du dich gewaschen hast und bevor du dir dein Frühstück zubereitest. Beim Zazen bist du in Verbindung mit jedem Menschen auf der Welt. Wenn du auch nur kurz sitzen kannst, hast du damit doch deinen Tag auf eine feste Grundlage gestellt.

ROBERT AITKEN

Ihr könntet versuchen, alles, was in euerem Geist auftaucht, als eine bloße Absonderung zu betrachten. Alle unsere Gedanken und Gefühle sind eine Art Absonderung. Es ist wichtig für uns, das in aller Klarheit zu erkennen. Mir kommen ständig alle möglichen Dinge in den Sinn, aber wenn ich versuchte, jedem dieser Einfälle zu folgen, würde ich bald erschöpft sein. Habt ihr noch nie die Erfahrung gemacht, an einer sehr hohen Stelle zu stehen und den Drang zu verspüren hinunterzuspringen? Dieser Drang zu springen ist eine bloße Absonderung in eurem Kopf. Wenn ihr meintet, ihr müsstet jedem Impuls gehorchen, der in euerem Geist entsteht, tja dann …

ZEN-MEISTER KOSHO UCHIYAMA

Ist es möglich, durch Übung von Zazen mehr Glück oder Seelenfrieden oder Mut oder sexuelle Potenz oder persönliche Ausstrahlung zu erlangen? Heutzutage gibt es in Amerika und Europa (und ebenso in Japan) viele Zazen-Lehrer, die den Leuten genau diese Karotten vor die Nase halten. Aber solange man hofft oder gar erwartet, vom Zazen irgendetwas »zu haben«, ist das Zazen befleckt. Wenn eine Handlung in unserem täglichen Leben durch irgendein erwartetes Resultat – oder durch etwas, was nur den Anschein erweckt, ein reales Ergebnis unseres Handelns zu sein – motiviert ist, besteht zudem eine hohe Wahrscheinlichkeit, dass eben dieses erwartete Ergebnis sich zerschlägt.

THOMAS WRIGHT

Es gibt nichts, was nicht heilig wäre; nichts, was keine spirituelle Übung wäre. Hakuin, der wunderbare Zen-Meister, der im 18. Jahrhundert dem japanischen Zen seine Vitalität zurückgab, warnte vor dem Irrglauben, Zen verlange die entschiedene Zurückweisung aller weltlichen Belange. Wahre Zen-Meditation vollzieht sich mitten im Handeln. Wenn wir kochen, sind wir in tiefem Koch-samadhi. Wenn wir putzen, sind wir in tiefem Putz-samadhi. Dieser Zustand, samadhi, ist keine Abwesenheit, keine Starrheit, kein Weggetretensein. Er ist ein zutiefst wacher, aufmerksamer, durch und durch gegenwärtiger Geisteszustand – und natürlich kann er beseligend sein. Wir können so vollkommen hellwach sein, dass wir die Asche von den Räucherstäbchen fallen hören.

Jede Aktivität ist, sofern wir ihr unsere ganze Aufmerksamkeit schenken und sie ohne Groll und ohne Konkurrenzstreben verrichten, eine Gelegenheit, etwas zu erfahren, unsere Augen weiter zu öffnen und klarer zu sehen. Wenn wir unser egozentrisches Haften an den Dingen aufgeben, entdecken wir, dass da etwas Wunderbares ist, etwas, was schon immer da gewesen ist; wir sind nie ohne es gewesen.

MAURINE STUART

Das menschliche Leben passt sich den Umständen an. Es ist nicht nötig, die Tätigkeit zurückzuweisen und die Stille zu suchen; mach dich nur inwendig leer und auswendig harmonisch. Dann wirst du selbst inmitten hektischster Tätigkeit in Frieden sein.

CH'AN-MEISTER YUANWU (1063–1135)

Immer wieder höre ich die Leute sagen: »Es ist ja schön und gut, zum Zendo zu kommen und in Ruhe und Frieden zu sitzen, aber was machen wir, wenn wir wieder zu Hause sind?« Das ist die große Prüfung, das große Koan, für jeden von uns. Wie gehen wir mit unserem Alltag um? Wir denken: »Ich habe so viele Leidenschaften, so viele Dinge, die mich aus der Ruhe bringen, es ist so viel Hektik in meinem Leben; wie soll ich jemals Seelenfrieden finden?« Dogen sagte: Wenn reichlich Lehm da ist, wird der Buddha groß. Mit Lehm meinte er ungeläuterte Leidenschaften – und davon gewaltige Mengen. Wo wächst denn der Lotos? Im Schlamm. Wenn jemand zu mir sagt: »Ich werde niemals wütend, ich bin vollkommen frei von Neid und Eifersucht«, denke ich: »Ach, wirklich?« Wir haben ständig mit solchen Emotionen zu tun und sie befruchten unsere Übung. Bildet euch also bitte nicht ein, ihr müsstet euch permanent in einem absolut abgeklärten, heiteren, losgelösten Zustand befinden. Das ist gar nicht möglich. Es ist nicht menschlich. Aber dank des Zazen werdet ihr, wenn eine tiefe Emotion, wie Zorn, sich eurer bemächtigt und wenn euer ganzer Körper davon lodert, inmitten all dieser Aufregung das Mu auskosten: Ihr erkennt, dass der wahre Seelenfrieden schon immer da gewesen ist. Ihr seid niemals ohne ihn gewesen.

MAURINE STUART

Wenn wir die Welt aufmerksam beobachten, stellen wir fest, dass mehr Menschen an falschen Gedanken sterben als an Krankheiten des Körpers. Falsche Gedanken sind noch mehr zu fürchten als giftige Vipern.

Wenn ihr euch von falschen Gedanken löst, wird die Krankheit sogar zu einem Lehrmeister. Seit ältesten Zeiten hat es immer wieder Menschen gegeben, die, während sie mit den Leiden einer schweren Krankheit rangen, Macht erlangt und das wahre Wesen geschaut haben.

Wenn euch eine schwere Krankheit befällt, fürchtet euch nicht vor dem Tod und blickt nicht auf das Leben zurück. Legt den Panzer der Geduld an, schultert den Bogen und die Pfeile der Treue und der Gerechtigkeit, besteigt das Pferd der kühnen Kraft, ergreift die Peitsche des Fleißes, hisst den Banner des Weges der Einheit, macht die Selbstlosigkeit und das Wenige-Wünsche-Haben zu euren Streitkräften, ernennt die unablässige Konzentration wahrer Achtsamkeit zu eurem General, befestigt die Burg des Geist-Königs im Ozean der Kraft und im Gefilde des Elixiers, bevorratet euch mit dem Elixier der fünf Energien und setzt die Strategie des Freiseins vom Denken und Vorstellen in die Tat um.

MAN-AN (17. JAHRHUNDERT)

Die erste Aufgabe, die ich erhielt, war, den Garten mit einem Bambusbesen zu kehren … Also packte ich meinen Besen und fegte aus Leibeskräften und bald hatte ich einen ganzen Berg Laub zusammengekehrt. Ich fragte: »Roshi, wo soll ich den Müll hintun?« und hoffte, er würde sehen, wie gut ich gewesen war. Er brüllte mich an: »Laub ist kein Müll! … Geh zum Schuppen und hol alle leeren Holzkohlensäcke, die du findest.« Als ich zurückkam, war der Roshi dabei, den Haufen Blätter kräftig durchzuharken, so dass alle Steinchen und Kiesel nach unten fielen. Dann nahm er die Säcke, stopfte das Laub bis zum letzten Blatt hinein und trat das Ganze mit den Füßen fest. »Jetzt trag das wieder in den Schuppen zurück«, sagte er. »Damit wird das Feuer für das Badewasser angezündet.«

Als ich zurückkam, kauerte der Roshi am Boden und las aus dem verbliebenen Häufchen die Kieselsteine heraus. Als er sie bis zum letzten Steinchen sorgfältig zusammengesucht hatte, sagte er: »Jetzt leg das unter die Traufe.« … Ich war mir noch immer völlig sicher, dass die verbleibenden Klümpchen Erde und Moosstückchen keinen praktischen Nutzen haben konnten. Doch der Roshi las sie ohne viel Umstände auf und legte sie sich auf die offene Handfläche. Dann machte er sich geduldig auf die Suche nach passenden Vertiefungen im Boden, legte die Erdklümpchen hinein und trat sie mit dem Fuß fest, bis nichts mehr übrig blieb. Dann sagte er: »Verstehst du jetzt ein bisschen? Ursprünglich gibt es keinen Müll, weder in den Menschen noch in den Dingen.« Dies war die erste Belehrung, die ich von Zuigan Roshi [dem Oberhaupt des Daishun-Tempels in Kyoto] erhielt.

Die Worte des Roshi, dass es ursprünglich weder in den Menschen noch in den Dingen irgendwelchen »Müll« gebe, beschreiben die Grundwahrheit des Buddhismus.

MORINAGA SOKO

Bassui schrieb folgenden Brief an einen seiner Schüler, der im Sterben lag:

»Die Essenz deines Geistes ist nicht geboren, also wird sie auch niemals sterben. Es gibt keine Existenz, die vergeht. Es gibt keine Leere, die nur leer ist. Es hat weder Farbe noch Form. Es erfreut sich nicht an Annehmlichkeiten und erleidet keine Schmerzen. Wie sehr du auch das, was jetzt krank und voller Schmerzen ist, zu erkennen trachtest, so erkennst du es doch nicht.

Ich weiß, du bist sehr krank. Als ein guter Zen-Schüler blickst du dieser Krankheit gerade ins Gesicht. Du weißt vielleicht nicht, wer es ist, der leidet, aber frag dich selbst: Was ist das Wesen dieses Geistes? Denke nur daran. Mehr brauchst du nicht. Begehre nichts. Dein Ende, das endlos ist, ist wie eine Schneeflocke, die in der reinen Luft vergeht.«

PAUL REPS

Brennholz wird zu Asche und wird nicht wieder zu Brennholz. Meine aber nicht, die Asche sei Zukunft und das Brennholz Vergangenheit. Begreife, dass das Brennholz dem phänomenalen Ausdruck des Brennholzes innewohnt, welcher Vergangenheit und Zukunft ganz in sich begreift und unabhängig ist von Vergangenheit und Zukunft. Die Asche wohnt dem phänomenalen Ausdruck der Asche inne, welcher Vergangenheit und Zukunft ganz in sich begreift. Ebenso wie Brennholz nicht wieder zu Brennholz wird, nachdem es Asche geworden ist, kehrst du nach dem Tod nicht wieder zur Geburt zurück.

Da dem so ist, ist es im Buddha-Dharma üblich zu bestreiten, dass die Geburt sich in den Tod verwandelt. Dementsprechend wird die Geburt als Nicht-Geburt begriffen. Es ist eine unerschütterliche Lehre in Buddhas Reden, dass der Tod sich nicht in Geburt verwandelt. Dementsprechend wird der Tod als Nicht-Tod begriffen.

Die Geburt ist ein in diesem Moment in sich abgeschlossener Ausdruck. Der Tod ist ein in diesem Moment in sich abgeschlossener Ausdruck. Sie sind wie Winter und Frühling. Du nennst den Winter nicht den Anfang des Frühlings, ebenso wenig den Sommer dessen Ende.

ZEN-MEISTER DOGEN (1200–1253)

Verhalten ist das, was wir beobachten. Erfahrung können wir nicht beobachten. Sobald wir über ein Ereignis Beobachtungen anstellen, ist es schon Vergangenheit und Erfahrung liegt nie in der Vergangenheit. Deshalb sagen die *sutras*, dass wir es nicht berühren können, es nicht sehen können, es nicht hören können, dass wir nicht darüber nachdenken können – denn in dem Augenblick, in dem wir das versuchen, haben wir schon Zeit und Trennung (unsere Welt der Erscheinungen) geschaffen. Wenn ich beobachte, wie mein Arm sich hebt, bin ich es nicht mehr. Wenn ich meine Gedanken beobachte, sind sie nicht mehr ich. Wenn ich denke: »Das bin ich«, versuche ich dieses »Ich« zu schützen. So ist alles, was ich an mir selbst beobachte (auch wenn es ein interessantes Phänomen ist, mit dem ich innig verbunden bin), nicht ich. Das ist mein Verhalten, die Welt der Erscheinungen. Ich selbst bin einfach Wahrnehmung, die sich ihrer immer unbewusst bleibt. Im Augenblick, in dem ich sie benenne, ist sie schon nicht mehr Gegenwart.

CHARLOTTE JOKO BECK

Das Wichtigste am Studium des Weges ist Zazen. In China erlangten viele Menschen die Erleuchtung ausschließlich durch die Kraft des Zazen. Manche, die so unwissend waren, dass sie keine einzige Frage beantworten konnten, übertrafen die Gelehrten, die viele Jahre lang studiert hatten, ausschließlich durch die Resultate ihrer unerschütterlichen Hingabe an Zazen. Deswegen sollen sich Schüler nur auf Zazen konzentrieren und sich nicht um andere Dinge kümmern. Der Weg der Buddhas und der Patriarchen ist Zazen allein. Folge keinem anderen.

ZEN-MEISTER DOGEN (1200–1253)

Ein Mönch sagte zu Joshu: »Ich bin soeben im Kloster angekommen. Bitte, unterrichte mich.«
Joshu fragte: »Hast du deinen Reisbrei gegessen?«
Der Mönch antwortete: »Ich habe gegessen.«
Joshu sagte: »Dann wasche deine Schale aus.«
In diesem Augenblick wurde der Mönch erleuchtet.

PAUL REPS

Ziel des Zen ist zuallererst das Erwachen, das Erwachen zum Gewahrsein unseres wahren Selbst. Durch dieses Gewahrwerden unseres wahren Selbst erreichen wir die Befreiung von unserem kleinen Selbst oder persönlichen Ich. Wenn die Befreiung vom persönlichen Ich endlich vollkommen erlangt ist, erleben wir die Freiheit, von der im Zen gesprochen wird und die von denen, die den Namen für die Erfahrung nehmen, so eklatant missdeutet wird. Solange wir diese menschliche Gestalt haben und wir als eine manifestierte Form in der Welt der Formen existieren, erhalten wir natürlich auch ein scheinbares individuelles Dasein als ein individuelles Ich aufrecht. Aber nicht länger führt dieses Ich mit seinen Vorlieben und Abneigungen, seinen Merkmalen und seinen Eigenheiten das Regiment. Das Wahre Selbst, das wir von Anbeginn an schon immer gewesen sind, hat endlich die Herrschaft übernommen. Frei bedient sich das Wahre Selbst dieser individuellen Form und dieses individuellen Ichs nach seinem Belieben. Ohne Widerstand und ohne Behinderung bedient es sich ihrer bei allen Aktivitäten des täglichen Lebens, was immer sie sein und wo immer sie auch stattfinden mögen …

RUTH FULLER SASAKI

Laut einem alten Ausspruch sollten diejenigen, die noch nicht die Erleuchtung erlangt haben, eher die Absicht als den Ausdruck studieren, während diejenigen, die die Erleuchtung erlangt haben, eher den Ausdruck als die Absicht studieren sollten.

Die Absicht ist die innere Bedeutung des Zen, welche wiederum das Grundlegende ist, das jedem innewohnt. Der Ausdruck ist die jeweilige Methode der verschiedenen Zen-Schulen. Die Absicht ist die Wurzel, der Ausdruck die Zweige. Der Schüler sollte zunächst die innere Bedeutung des Zen herausfinden, ohne sich in Ausdrucksformen zu verzetteln.

ZEN-MEISTER MUSO KOKUSHI (1275–1351)

Wann immer du studierst und Fragen stellst, bedenke, dass es nicht viele Dinge gibt, um die du dich bekümmern solltest. Bedenken entstehen, weil du außen wahrnimmst, dass Berge und Flüsse und die große Erde existieren; weil du innen wahrnimmst, dass Sehen, Hören, Fühlen und Wissen existieren; weil du über dir siehst, dass es vielfältige Buddhas gibt, bei denen du Zuflucht suchen kannst; und weil du unter dir siehst, dass es empfindende Wesen gibt, die gerettet werden können. Du musst sie einfach allesamt ausspeien: Später schmiedest du, ob du gehst oder stehst, sitzt oder liegst, vierundzwanzig Stunden am Tag, alles zu Einem zusammen. Und säßest du dann auch auf der Spitze eines Haars, wäre sie so breit wie das Universum; und wohntest du in einem kochenden Kessel oder einer glühenden Esse, so wäre es so, wie im Land des Friedens und der Seligkeit zu weilen; und lebtest du inmitten eines Meers von Gold und Edelsteinen, wäre es so, wie in einer strohgedeckten Hütte zu leben. So gelangst du, wenn du ein fähiger Adept bist, auf natürlichem Wege, ohne jede Kraft zu vergeuden, zu der einen Wirklichkeit.

›NIEDERSCHRIFT VON DER BLAUGRÜNEN FELSWAND‹

Die Leute sagen immer, dass die äußeren Zustände den Geist hemmen und das Phänomenale das Prinzip hemmt. Also wünschen sie stets, dem äußeren Zustand zu entrinnen, um ihren Geist zur Ruhe zu bringen, und dem Phänomenalen zu entsagen, um das Prinzip zu schützen. Sie wissen nicht, dass der Geist das Phänomenale hemmt. Deswegen, wenn du den Geist dazu bringst, leer zu sein, werden die äußeren Zustände von sich aus leer sein und du bringst das Prinzip dazu, ruhig zu sein, damit das Phänomenale von sich aus zur Ruhe komme. Zäume den Geist nicht von hinten auf.

CH'AN-MEISTER HUANG-PO (GEST. 850)

Um dem Übenden zu helfen, den Fluss zu überqueren und das Ufer des Erwachens zu erreichen, strecken ihm die Zen-Meister den Stab der »kunstvollen Mittel« entgegen. Aber der Schüler muss danach greifen. Wenn er seine Augen geschlossen hält und sein Geist blockiert bleibt, sieht er den Stab nicht und greift nicht danach. Im neunten Jahrhundert kam ein Mönch zum vietnamesischen Zen-Meister Cam Thanh, einem Mönch der Sekte Vo Ngon Thong, und fragte ihn: »Was ist Buddha?« Cam Thanh sagte: »Alles.« Der Mönch fragte weiter: »Was ist Buddha-Geist?« Cam Thanh entgegnete: »Nichts ist verborgen.« Der Mönch meinte darauf: »Ich verstehe nicht.« Cam Thanh erwiderte: »Du hast danebengegriffen.«

Jedes Mal, wenn man uns einen Stock hinstreckt, können wir ihn entweder ergreifen oder daneben langen. Wer zögert, zeigt, dass er noch nicht reif ist. Doch auch wenn es immer wieder nicht klappt, braucht man das nicht tragisch zu nehmen. Dann geht man einfach zu seiner Alltagsarbeit zurück und trägt Wasser, kocht, gräbt die Erde um und gibt sich mit frischer Achtsamkeit Mühe.

THICH NHAT HANH

Einmal machten der Zen-Meister Sosan [1520–1604] und sein Schüler Samyong eine Wanderung durchs Gebirge und Sosan lief ein Stück voraus. Samyong warf einen prüfenden Blick auf seinen Lehrer, einen kleinwüchsigen, zerbrechlichen Mann von unschönem Aussehen. Samyong dagegen war ein Riese von einem Mann, gut aussehend und mit einem kraftvollen Auftreten. Von diesem Kontrast berührt, konnte Samyong nicht umhin, sich zu fragen, warum dieser körperlich so unscheinbare Mann sein Lehrer sein sollte. Bald kamen sie an einen Wasserfall. Zu seinem unaussprechlichen Erstaunen sah Samyong aber, dass das Wasser nicht herabfiel, sondern aufwärts floss. Da rief er aus: »Seht, Meister, dieser Wasserfall läuft falsch herum! Wie unnatürlich!« Sosan antwortete milde: »Ja, genau wie dein Geist.« Sofort begriff Samyong, dass Sosan die ganze Zeit gewusst hatte, was ihm durch den Kopf gegangen war, und seine magischen Kräfte benutzt hatte, um ihm eine Lehre zu erteilen. Beschämt verneigte er sich vor Sosan und bat den Meister um Vergebung. Da »entließ« Sosan den Wasserfall und das Wasser begann auf natürliche Weise herabzufallen!

MU SOENG

Eines Tages stattete der König dem Zen-Meister Muhak einen Besuch im Hoeryong-Tempel ab. Der König schickte sein Gefolge hinaus und sagte zu Muhak: »Ich bin so sehr in die Staatsgeschäfte eingespannt, dass ich nicht einmal dazu komme, nach Herzenslust zu lachen. Heute wollen wir auf alle Förmlichkeiten verzichten und uns ganz zwanglos, von Mensch zu Mensch, miteinander unterhalten. Und uns einfach jeder an der Gesellschaft des anderen erfreuen.« Muhak sagte: »Um das Eis zu brechen, sollte Eure Hoheit vielleicht zunächst einen Witz machen.« Der König sagte: »Schön. Muhak, du siehst aus wie ein hungriges Schwein auf der Suche nach Dung.« Muhak verneigte sich vor ihm und sagte: »Eure Hoheit sieht aus wie Buddha Shakyamuni auf dem Geierberg.« Der König war mit dieser Entgegnung unzufrieden und sagte: »Ich vergleiche dich mit einem Schwein und du vergleichst mich mit dem Buddha?« Muhak erwiderte: »Das liegt daran, dass ein Schwein nur Schweine sehen kann und ein Buddha nur Buddhas.« Der König lachte laut. Dann sagte er: »Du bist um einen Strich gescheiter als ich. Aber deine Antwort war kein Witz, sondern eine Belehrung!«

ZEN-MEISTER MUHAK (1317–1405)

Der vollkommene Weg ist nicht schwierig; nimm einfach keine Unterscheidungen vor. Wenn du jenseits von Liebe und Hass bist, ist alles so klar wie das helle Tageslicht.

Jage nicht den äußeren Bedingungen nach, ebenso wenig verweile in der inneren Leere. Ruhe im Einssein mit den Dingen und alle Schranken werden verschwinden.

Sobald du »richtig« und »falsch« denkst, gerätst du in Verwirrung und verlierst deinen wahren Geist. Die beiden kommen von dem Einen, aber es darf auch kein Haften an dem Einen geben.

Indem du alle Dinge gleichmütig betrachtest, wird es dir gelingen, zur Natur zurückzukehren. Indem du alle Bedingungen beseitigst, bist du jenseits aller Unterscheidung.

Eines ist die Vielen und die Vielen sind Eins. Kannst du dies erkennen, kannst du aller Sorgen ledig sein.

Der aufrichtige Geist ist absolut; das Absolute ist der aufrichtige Geist. Schneidest du den Pfad der Sprache ab, bist du jenseits von Vergangenheit, Gegenwart und Zukunft.

SEN TS'AN (SOSAN, 526–606)

Chao Chou [Joshu, 778–897] unterwies seine Gemeinde oft mit der folgenden Rede und sprach: »Der Höchste Pfad birgt keine Schwierigkeiten – vermeidet nur, zu scheiden und zu wählen. Sobald es Wörter und Rede gibt, ›ist das Scheiden und Wählen‹, ›ist das Klarheit‹. Dieser alte Mönch verweilt nicht in der Klarheit; bewahrt ihr noch etwas von meiner Rede oder nicht?« Einmal gab es einen Mönch, der fragte: »Da du nicht in der Klarheit verweilst, was gäbe es wohl zu bewahren?« Chou sagte: »Ich weiß es auch nicht.« Der Mönch sagte: »Da du es nicht weißt, Meister, warum sagst du dann, du verweilst nicht in der Klarheit?« Chou sagte: »Es genügt völlig, danach zu fragen. Jetzt verneige dich und ziehe dich zurück.«

›NIEDERSCHRIFT VON DER BLAUGRÜNEN FELSWAND‹

Einmal kam ein Mönch zu Joshu [Chao-chou, 778–897] und zitierte einen berühmten Ausspruch von Sosan, dem dritten Patriarchen [526–606]: »Der Große Weg birgt keine Schwierigkeiten – vermeide einfach Wählen und Anhaften.« Und dann fragte er Joshu: »Was sind Nichtwählen und Nichtanhaften?« Joshu antwortete: »Im Himmel und auf Erden bin ich allein der Edelste.« Jeder von uns ist allein der Edelste im Himmel und auf Erden. Von Anfang an gibt es keinerlei Dualität. Es ist jenseits der Frage »Ist es oder ist es nicht?« Der Mönch, der Joshu diese Frage stellte, war noch in einer relativen Betrachtungsweise befangen: Wählen und Anhaften oder Nichtwählen und Nichtanhaften.

Die Sonne scheint, der Mond scheint, der Regen regnet. Sie scheinen und regnen auf uns alle herab. Sie schließen niemanden aus. Wenn Wolken kommen, was dann? Wolkigkeit. Wenn Regen kommt? Regen. Wie Ummon [864–949] so verblüffend schlicht sagte: »Jeder Tag ist ein guter Tag.« Erst wenn unser unterscheidender Geist sich einmischt, beginnen unsere Probleme.

MAURINE STUART

Die Lehre Bodhidharmas, des legendären ersten Patriarchen des Zen, beginnt und endet mit dem Geist als dem Tor zur Befreiung – es gibt keinen Buddha außerhalb des Geistes, der unser wunderbar bewusstes wahres Wesen ist – und der Erkenntnis des Geistes als des Schlüssels zu ebendiesem Tor. Die zentrale Übung, die er lehrte, war das Sitzen in Meditation, wörtlich das »Wand-anstarren«: so fest und unerschütterlich wie eine Wand sitzen. Er sagte, das sei der Weg, den Geist – und damit das eigene Leben und die eigene Welt – zu klären. Konzentriere dich, lass alle falschen Vorstellungen fahren, kehre zur wahren Wirklichkeit zurück und gib damit alle Dualität von Ich und Nicht-ich auf und lass dich in der stillen wahren Natur der Dinge nieder. In einer oft symbolischen, lyrischen Sprache weist er immer und immer wieder auf den »fundamentalen reinen inhärenten Geist« hin, in dem wir uns gründen sollten. Dieser Geist ist nicht lediglich dein oder mein Denken und Wahrnehmen; er ist das, was auch Buddha genannt wird, Buddha-Natur, Soheit – kein Wort kann es fassen, kein Selbst kann es begreifen.

JISHO WARNER,
Stone Creek Zendo, Sebastopol, Kalifornien

Der Geist ist der Buddha und es ist unnötig, diesen Buddha zu benutzen, um den Buddha zu suchen. Der Geist ist der Dharma und es ist unnötig, diesen Dharma zu benutzen, um den Dharma zu suchen. Buddha und Dharma sind keine getrennten Wesenheiten und ihr Zusammensein bildet den Sangha. Dies ist die Bedeutung der Drei Kleinodien in Einer Substanz. Ein Sutra sagt: »Geist, Buddha und empfindende Wesen – zwischen keinem von ihnen besteht irgendein Unterschied. Wenn dein Leib, deine Rede und dein Geist geläutert sind, dann sagen wir: Ein Buddha ist in der Welt erschienen. Wenn diese drei unrein werden, sagen wir: Ein Buddha ist ausgelöscht worden.«

CH'AN-MEISTER HUI HAI (720–814)

Sollte dein Geist abschweifen, folge ihm nicht, und dein abschweifender Geist wird von selbst aufhören umherzuschweifen. Sollte dein Geist den Wunsch haben, irgendwo zu verweilen, folge ihm nicht und verweile nicht dort, und deines Geistes Suche nach einem Ort zum Verweilen wird von selbst ein Ende finden. Dadurch wirst du in den Besitz eines nichtverweilenden Geistes gelangen – eines Geistes, der im Zustand des Nichtverweilens bleibt. Wenn du dir vollkommen eines nichtverweilenden Geistes in dir bewusst bist, wirst du entdecken, dass es einzig die Tatsache des Verweilens gibt, nichts aber, bei dem man oder bei dem man nicht verweilen könnte. Dieses vollkommene Gewahrsein eines in dir selbst bei nichts verweilenden Geistes ist bekannt als »eine klare Wahrnehmung seines eigenen Geistes haben« oder mit anderen Worten: »eine klare Wahrnehmung seines eigenen Wesens haben«.

CH'AN-MEISTER HUI HAI (720–814)

Wenn nun, während ihr mir zuhört, außerhalb der Tempelmauer ein Hund bellte, würdet ihr ihn hören und wissen, dass es ein bellender Hund ist. Wenn eine Krähe krächzte, würdet ihr sie hören und wissen, es ist eine Krähe. Ihr würdet die Stimme eines Erwachsenen als eine Erwachsenenstimme und die eines Kindes als eine Kinderstimme hören. Ihr seid nicht hierher gekommen, um einen Hund bellen, eine Krähe krächzen oder ein sonstiges Geräusch zu hören, das während meines Vortrags von außerhalb der Tempelmauern zu euch dringen könnte. Doch solange ihr hier seid, werdet ihr diese Geräusche hören. Eure Augen sehen und unterscheiden Rot- und Weißtöne und andere Farben und eure Nase kann gute von schlechten Gerüchen unterscheiden. Ihr könnt unmöglich im Voraus gewusst haben, was für Bilder, Geräusche oder Gerüche euch auf dieser Versammlung begegnen würden, und dennoch seid ihr imstande, jedes dieser unerwarteten Bilder und Geräusche, sobald sie euch begegnen, ohne jede Überlegung zu erkennen. Dies ist, weil ihr im Ungeborenen seht und hört.

Dass ihr tatsächlich auf diese Weise seht und hört und riecht, ohne den Gedanken daran aufkommen zu lassen, ist der Beweis dafür, dass dieser innewohnende Buddha-Geist ungeboren ist und eine wunderbare erhellende Weisheit besitzt. Das Ungeborene manifestiert sich darin, dass der Gedanke »Ich will sehen« oder »Ich will hören« nicht geboren wird. Wenn ein Hund heult, könnten euch zehn Millionen Leute im Chor versichern, dies sei das Geräusch einer krächzenden Krähe – ich bezweifle, dass ihr euch davon überzeugen ließet. Es ist höchst unwahrscheinlich, dass sie euch wie auch immer dazu bringen könnten, an ihre Worte zu glauben.

ZEN-MEISTER BANKEI (1622–1693)

Einmal, vor langer, langer Zeit, sagte jemand zu euch: »Der Himmel ist blau.« Und seitdem tragt ihr diese Idee mit euch herum. Ein Hund sagt nie: »Der Himmel ist blau.« Katzen sagen nie: »Der Baum ist grün.« Ein Hund sagt auch niemals: »Ich bin ein Hund.« Katzen glauben nie, Katzen zu sein. Die Menschen machen all dies und geraten sich dann deswegen in die Haare. Ihre Anschauung ist eine irrige Anschauung. Sie machen Farbe, Größe, Gestalt, Zeit, Raum, Namen und Formen. Die Menschen machen Ursache und Wirkung, Leben und Tod, Kommen und Gehen. Ursprünglich existieren diese Dinge nicht. All das kommt vom Denken: Unser Denken macht alles. Es ist alles nur jemand anderes Idee. Amerikaner haben eine amerikanische Idee: Sie nennen den Hund »dog«. Aber Koreaner haben eine koreanische Idee: Sie sagen nicht »dog«, sondern: »Das ist ein gye.« Was ist nun richtig? Um ganz sicherzugehen, fragt ihr am besten einen Hund: »Bist du ein dog?« Er wird euch bestimmt eine interessante Antwort geben! Wenn wir also all unser Verständnis zu Weisheit verdauen wollen, müssen wir zunächst zu unserem Geist vor der Entstehung des Denkens zurückkehren. Dieser Punkt hat keinen Namen und keine Form. Manche nennen ihn Geist oder Natur oder Substanz oder Gott oder Selbst oder Buddha oder Seele oder Bewusstsein. Aber ursprünglich hat dieser Punkt keinen Namen und keine Form, weil er bereits vor dem Denken da ist, so dass lediglich den Mund aufzumachen, um ihn wie auch immer zu nennen, schon ein großer Fehler ist.

ZEN-MEISTER SEUNG SAHN

Das Wahre Wesen aller Dinge manifestiert sich ununterbrochen. Wenn ein Hund bellt oder auf den Boden pinkelt, verwirklicht sich die wahre Natur des Hundes. Der Hund offenbart seine Hunde-Natur, wie der Stock, der am Boden liegt, seine Stock-Natur manifestiert. Alle Dinge offenbaren stets ihr eigenes Wesen. Wir würden ja auch nie auf einen Baum zeigen und sagen: »Dieser Baum ist unvollkommen, dieser Baum verbirgt seine wahre Natur.« Wir betrachten nur uns selbst und andere Menschen und sagen: »Wir manifestieren nicht unser Wahres Wesen.«

Warum sagen wir so etwas? Weil wir, wenn es um Menschen geht, eine Idee davon haben, was es bedeutet, ein heiliger, vollkommener Mensch zu sein. Wir erkennen nicht, dass jedes menschliche Wesen ständig seine wahre Natur offenbart, egal, was die Person tut. So einfach ist das! Als menschliches Wesen könnt ihr nichts anderes tun als euer Wahres Wesen zu manifestieren.

ZEN-MEISTER SEUNG SAHN

Buddha sagte: »Wenn ihr üben sollt, euch selbst zu geben, wie viel mehr sollt ihr dann üben, euren Eltern, eurer Frau und euren Kindern zu geben!« Daher solltet ihr wissen, dass euch selbst zu geben ein Teil des Gebens ist. Eurer Familie zu geben ist gleichfalls Geben. Selbst wenn ihr ein Staubkörnchen gebt, solltet ihr euch über eure Tat freuen, weil ihr auf die richtige Weise das Verdienst aller Buddhas übermittelt und zum ersten Mal die Tat eines Bodhisattva verrichtet. Der Geist eines empfindenden Wesens ist schwer umzustimmen. Ihr solltet fortfahren, den Geist empfindender Wesen umzustimmen, von dem Augenblick an, da sie nur ein Körnchen des Weges erlangt haben, bis zu dem Moment, da sie ihn vollkommen erlangt haben. Dies sollte durch Geben begonnen werden. Aus diesem Grund ist Geben die erste der sechs paramitas [Vollkommenheiten].

Der Geist ist unermesslich. Alles Gegebene ist unermesslich. Außerdem transformiert der Geist durch das Geben die Gabe und die Gabe transformiert den Geist.

ZEN-MEISTER DOGEN (1200–1253)

Die Zen-Erleuchtung, die eine tiefe und dauerhafte Erkenntnis der eigenen Stellung innerhalb des gesamten Universums mit sich bringt, ist – entgegen der Vorstellung von »Plötzlichkeit«, die viele Leute aus ihrer oberflächlichen Lektüre von Zen-Literatur gewonnen zu haben scheinen – nicht leicht zu erlangen. Zwar stimmt es, dass die Erleuchtung sich wie ein plötzlicher Blitz ereignen kann, in dessen Verlauf man sein eigenes »Ich« und den Rest der Welt so sieht, wie sie wirklich sind, aber es ist äußerst unwahrscheinlich, dass diese galvanische Entladung ohne eine vorangegangene längere Periode diszipliniertester Anstrengungen erfolgt. Der Suchende muss, wie ein Zen-Meister erklärt, über eine lange Zeit hinweg das Problem des endgültigen »Wissens« mit der monomanen Verbissenheit und allen damit einhergehenden Frustrationen einer Mücke verfolgen, »die versucht, eine Eisenstange zu stechen«.

NANCY WILSON ROSS

Ein Blinder ist im Grunde ganz und vollkommen, sogar bei seiner Blindheit. Das Gleiche gilt für einen Taubstummen. Würde ein Taubstummer plötzlich sein Gehör wiedererlangen, so wäre seine Vollkommenheit nicht mehr die eines Taubstummen. Würde man den Teller hier auf dem Tisch zerbrechen, so wäre jedes Bruchstück die Ganzheit selber. Was dem Auge sichtbar ist, ist nur die Gestalt, die sich dauernd verändert, nicht aber die Substanz. In Wirklichkeit ist das Wort »vollkommen« überflüssig. Dinge sind weder vollkommen noch unvollkommen; sie sind, was sie sind. Alles hat absoluten Wert; deshalb kann nichts mit irgendetwas anderem verglichen werden. Ein großer Mensch ist groß, ein kleiner klein; das ist alles, was zu sagen ist. Es gibt einen Koan, bei dem der Meister auf die Frage »Was ist Buddha?« antwortet:

»Hoher Bambus ist hoch, niedriger Bambus niedrig.«

Kensho ist nichts anderes, als das in einem Aufflammen zu gewahren.

ZEN-MEISTER HAKUUN YASUTANI (1885–1973)

Alles Harmonie, doch jegliches gesondert.
Einmal bestätigt – die Meisterschaft ist dein.
Lang hab ich gezögert auf dem Mittleren Weg;
Heute sprühen Flammen aus dem Eis.

CH'AN-MEISTER CHOKEI (GEST. 932)

Gleichmut und Weisheit sind im Wesentlichen eins – sie sind nicht zwei. Gleichmut ist die Grundlage der Weisheit. Weisheit ist die Funktion des Gleichmuts …

Wenn im Mund Tugend herrscht, im Geist aber nicht, so sind Gleichmut und Weisheit eitel und keineswegs identisch. Aber wenn im Geist und im Mund Tugend herrscht und wenn das Innere und das Äußere wie eins sind, dann sind Gleichmut und Weisheit identisch. Wenn du mit Selbstverwirklichung befasst bist, sei nicht mit Disputieren befasst. Wenn du darüber disputierst, was zuerst kommt und was folgt, bist du nicht anders als ein Verblendeter; du hast dich nicht von Gewinn und Verlust befreit; du vertiefst nur deine Ichsucht …

Womit sollen wir Gleichmut und Weisheit vergleichen? Sie sind wie das Licht einer Lampe. Wenn du die Lampe hast, kannst du Licht haben, aber ohne Lampe muss es finster bleiben, da die Lampe die Grundlage des Lichtes ist und das Licht der Zweck der Lampe. Trotz der zwei Namen ist ihre Grundlage ein und dieselbe. Mit der Doktrin von Weisheit und Gleichmut verhält es sich genauso.

HUI-NENG (638–713)

Der Zen-Meister Hakuin [1689–1769] identifizierte drei wesentliche Voraussetzungen für die Übung des Zen, die aber auch auf vielen anderen Gebieten Gültigkeit besitzen: eine große Wurzel von Glauben, einen großen Klumpen Zweifel und eine wilde, unbändige Entschlossenheit. Die große Wurzel von Glauben bedeutet, dem eigenen Lehrer und der Tradition, die er verkörpert, zu vertrauen. Sie bedeutet auch, an das grenzenlose Potenzial zu glauben, das in einem selbst ruht. Nun könnte es auf den ersten Blick erscheinen, als sei ein großer Klumpen Zweifel das genaue Gegenteil der großen Wurzel von Glauben, aber tatsächlich ist damit gemeint, ständig vor dem eigenen Mangel an Einsicht auf der Hut zu sein und dem »Ich« ein tiefes Misstrauen entgegenzubringen. Wilde, unbändige Entschlossenheit schließlich bedeutet, den wahren Mut zu besitzen, die Übung ungeachtet aller Hindernisse fortzusetzen. Ohne diese drei wesentlichen Voraussetzungen lässt sich nichts erreichen.

MORINAGA SOKO

Erfahrene Zen-Adepten sind bekannt für ihre Toleranz. Der allseits geliebte Roshi (ehrwürdige Lehrer) der Westküste, Ngoyen Senzaki, der im Jahre 1958 starb, zitierte gern den folgenden alten Ausspruch: »Es gibt dreierlei Arten von Schülern: diejenigen, die anderen Zen vermitteln, diejenigen, die die Tempel und Schreine hüten, und dann gibt es noch die Reissäcke und die Kleiderständer.«

NANCY WILSON ROSS

Und ich dachte: Was soll diese Verbeugerei? Was tue ich hier eigentlich? Es war so, als sei alles, was ich über die Würde und den inhärenten Wert des Individuums geglaubt hatte, plötzlich wie weggewischt. Und ich dachte: Mein Gott, was tue ich hier?« … Robert Aitken schaffte es, durchzuhalten, indem er sich sagte, er trainiere seine Bauchmuskulatur. Und während er seine geschwollenen Knie weiter gegen den Holzfußboden presste, erkannte er vielleicht allmählich, was ein Schüler von ihm fünfunddreißig Jahre später so formulieren würde: »Das Tolle am Zen ist, dass man lernt, es trotzdem zu machen – ob's einem gefällt oder nicht.«

HELEN TWORKOV

Dein Bewusstsein ist dein Gewissen, das Gefühl, das du mit allen Wesen gemein hast. Es zeigt dir deutlich, was richtig und was falsch ist, was angemessen ist und was nicht. Manche Menschen wachsen allerdings ohne das Gefühl auf, Mitglieder einer großen Familie zu sein. Sie verursachen sich selbst und anderen allen möglichen Ärger. Sei froh, dass du ein Gewissen hast! Dennoch ist es möglich, dem Gewissen auch zu viel Macht einzuräumen, als wäre es ein Elternteil, der es mit einem Kleinkind zu tun hat. Gestehe deinem Gewissen die ihm angemessene Rolle zu: Es wird dir ein glaubwürdiger Lehrer sein.

ROBERT AITKEN

Es ist wahr: Wenn wir die Ursachen des Leidens beseitigen und umwandeln, dann bewirken wir kein neues Leiden in der Zukunft. Doch das, was lange Zeit existiert hat, hat auch, nachdem es abgeschnitten wurde, noch eine Energie, die für eine Weile fortdauert, bis sie vollständig erstirbt. Schalten wir einen Ventilator aus, so drehen sich die Blätter noch eine Zeitlang weiter, obwohl der Strom nicht mehr fließt. Selbst wenn die Ursache beseitigt ist, wird die Wirkung dieser vergangenen Ursache noch eine Weile fortdauern. Für den Rest an Leiden gilt das Gleiche. Das Schaffen neuer Ursachen des Leidens endet, nicht aber die fünf Daseinsgruppen. Eines Tages schleuderte Devadatta einen Stein auf den Buddha und verletzte ihn am Fuß. Der Buddha schuf kein neues Karma mehr, doch er erfuhr diese karmische Wirkung als Resultat einer vergangenen Handlung, von der noch immer einige Energie weiterwirkte, bis sie zur Ruhe kommen konnte. Das bedeutet aber nicht, dass der Buddha nach seinem Tod nicht vollständiges Verlöschen verwirklicht hätte.

THICH NHAT HANH

Kratz dich erst,
juck später.

SOIKU SHIGEMATSU (ÜBERS.)

In früheren Zeiten wurden in Japan Laternen aus Papier und Bambus mit Kerzen darin benützt. Als ein blinder Mann eines Nachts einen Freund besuchte, bot ihm dieser an, eine Laterne mit auf den Heimweg zu nehmen.

»Ich brauche keine Laterne«, sagte der Blinde. »Dunkelheit oder Licht sind dasselbe für mich.«

»Ich weiß, du brauchst keine Laterne, um deinen Weg zu finden«, erwiderte der Freund. »Aber wenn du keine hast, so kann jemand gegen dich laufen. Also nimm sie lieber.«

Der blinde Mann begab sich mit der Laterne auf den Weg, und bevor er noch weit gegangen war, lief jemand gerade gegen ihn.

»Schau doch, wohin du gehst!«, rief er dem Fremden zu. »Kannst du nicht die Laterne sehen?«

»Deine Kerze ist niedergebrannt, Bruder«, erwiderte der Fremde.

PAUL REPS

Trachtet nicht zu verhindern, dass Gedanken aufsteigen, und klammert Euch nicht an Gedanken, die aufgestiegen sind. Lasst die Gedanken kommen und gehen, wie sie wollen; ringt nicht mit ihnen. Ihr müsst einzig und allein von ganzem Herzen forschen: »Was ist mein Eigener Geist?« Ich dringe immer wieder darauf, weil ich Euch zur Selbst-Wesensschau bringen möchte. Wenn Ihr (hartnäckig) zu verstehen trachtet, was (mit dem Verstande) nicht begriffen werden kann, so gelangt Ihr an einen toten Punkt und Ihr wisst überhaupt nicht mehr, was tun. Aber Ihr dringt immer tiefer.

Im Sitzen und Stehen, beim Schlafen und Wachen fragt Euch solchermaßen voller Zweifel bis zum tiefsten Grunde und fürchtet nichts, als dass Ihr den Eigenen Geist nicht erkennen könntet. Solch Forschen eben heißt Zazen üben. Wenn dieses eindringliche Fragen jeden Zoll an Euch durchdringt und bis zum Grunde vorstößt, so bricht die Frage plötzlich auf und die Wesenssubstanz von Buddha-an-sich wird offenbar – gleich wie ein Spiegel erst dann spiegeln kann, wenn der Kasten (darin er war) aufgebrochen ward – und durchstrahlt alle Zehn Weltrichtungen, ein Weltall, frei von jedem Makel.

ZEN-MEISTER BASSUI TOKUSHO (1327–1386)

Als ich einmal zu einer Teezeremonie eingeladen worden war, betrat ich einen Raum eines nahe gelegenen Tempels, wo mir ein Rollbild auffiel, das in der Tokonoma-Nische aufgehängt war. Das Gemälde stellte eine Kürbisflasche dar und trug die folgende Inschrift des modernen Zen-Meisters Rosen Takashina: »Wenn's gluckst, ist zu wenig drin.« Welcher Scharfsinn äußert sich in dieser Bemerkung!

Eine bis zum Rand mit Wein gefüllte Kalebasse gibt kein Geräusch von sich, wenn man sie schüttelt. Wenn eine Kalebasse aber nur noch ein bisschen Wein enthält, dann gluckst sie. Die Menschen sind wie Kalebassen. Solche, die ein wahres Bewusstsein ihres Selbst haben, bleiben stets, was auch geschehen mag, ruhig und gelassen. Wenn Menschen geschäftig hin und her laufen und sich ständig beklagen und Ausreden vorbringen, beweisen sie ihren Mangel an Weisheit.

Der gleiche Gedanke kam mir, als ich einmal in einem kleinen Boot ein Flüsschen hinunterfuhr. Am Oberlauf, wo das Wasser seicht war, floss es sprunghaft und rauschend. Stromabwärts, wo der Fluss breiter und das Wasser tief wurde, floss er geräuschlos und seine Oberfläche war glatt.

Wann immer ich die Neigung verspüre, mich über irgendetwas aufzuregen, kommen mir die Worte auf diesem Rollbild in den Sinn.

SHUNDO AOYAMA

Menschen, die Zen anfangs nicht nur paradox und verwirrend finden, sondern darüber geradezu in Wut geraten, könnten von der folgenden alten Geschichte profitieren.

Einmal suchte ein Gelehrter einen Zen-Meister auf, um sich nach dieser denkwürdigen Philosophie zu erkundigen. Der Meister lud seinen Gast höflich ein, eine Tasse Tee zu trinken, während sie sich unterhielten. Als der Meister den Tee nach den strengen Regeln der Teezeremonie zubereitet und aufgeschlagen hatte, begann er, die grüne Flüssigkeit in die Tasse des Gastes einzugießen, und goss immer weiter, bis die Tasse überfloss. Aber selbst dann goss er weiter und weiter, bis der peinlich berührte Gast schließlich nicht mehr an sich halten konnte und ausrief: »Ehrwürden, meine Tasse ist voll! Mehr passt nicht hinein.« Sofort stellte der Meister das Teegefäß ab und meinte: »Wie diese Tasse sind Sie ausgefüllt mit eigenen Meinungen und Spekulationen. Wie kann ich Ihnen Zen zeigen, wenn Sie nicht zuerst ihre Tasse leeren?«

NANCY WILSON ROSS

Wenn ihr den Weiß-Nicht-Geist bewahrt, gibt es keine Gegensätze, also kein West, kein Ost, kein Amerikanisch, kein Koreanisch, keinen Taoismus, kein Christentum, kein Zen, kein Leben, keinen Tod, kein Gut, kein Böse, keinen Namen, keine Form, keinen Gott, keinen Buddha. Der Name dafür ist Urpunkt. Urpunkt ist absolut. Alles ist aus Urpunkt und kehrt zu Urpunkt zurück. Was ist dann Urpunkt? Urpunkts Name ist Weiß-Nicht. Weiß-Nicht-Geist ist Denken abschneiden. Alles Denken abschneiden ist Vor-dem-Denken, keine Rede, keine Worte.

Wie soll man diesen Weiß-Nicht-Geist bewahren? Wenn eine Mutter ihren Sohn in den Krieg schickt, behält sie stets die Frage im Sinn: »Wann wird mein Sohn heimkommen?« – gleich ob sie arbeitet, isst, mit ihren Freundinnen redet oder fernsieht. Den Weiß-Nicht-Geist bewahren funktioniert genauso. Während ihr arbeitet, während ihr esst, während ihr spielt, während ihr geht und Auto fahrt, behaltet stets die Frage im Sinn: »Was bin ich?«

ZEN-MEISTER SEUNG SAHN

Hyakujo, der chinesische Zen-Meister, pflegte sogar noch im Alter von achtzig Jahren mit seinen Schülern zu arbeiten, die Gärten zu pflegen, die Böden zu säubern und die Bäume zu beschneiden.

Den Schülern tat es Leid, den alten Lehrer so hart arbeiten zu sehen, aber sie wussten, dass er auf ihren Rat, er möge doch aufhören, nicht achten würde; also versteckten sie sein Arbeitsgerät.

An diesem Tag aß der Meister nichts. Am nächsten Tag aß er nichts und ebenso wenig am darauf folgenden Tag. »Er ist vielleicht ärgerlich, weil wir sein Arbeitsgerät versteckt haben«, vermuteten die Schüler. »Wir bringen es lieber wieder zurück.«

An dem Tag, als sie das taten, arbeitete und aß der Meister genauso wie zuvor. Am Abend erklärte er ihnen: »Keine Arbeit, kein Essen.«

PAUL REPS

Du darfst das Reiswaschen oder Gemüseputzen nicht anderen überlassen, sondern musst diese Arbeit mit deinen eigenen Händen verrichten. Widme der Arbeit deine ganze Aufmerksamkeit und erkenne, was die jeweilige Situation gerade verlangt. Sei bei deinen Aktivitäten weder geistesabwesend noch von einem bestimmten Aspekt einer Angelegenheit so sehr eingenommen, dass du die anderen Aspekte vernachlässigst. Übersieh nicht einen Tropfen im Ozean der Tugend, indem du die Arbeit anderen anvertraust. Bemühe dich um eine Gesinnung, die danach strebt, die Quelle der Güte auf dem Berg der Güte zu mehren.

ZEN-MEISTER DOGEN (1200–1253)

Der Kulturphilosoph Hideo Kobayashi sagt, dass ein einziges Blatt von einem Baum den Mond verbergen kann. Wenn wir uns ein solches Blatt auf die Augen legen, ist es so nah, dass wir es nicht so sehen können, wie es wirklich ist. Ein Blatt auf unseren Augen kann nicht nur den Mond, sondern sogar die ganze Welt um uns herum aussperren. Wenn wir das Blatt allerdings von uns abgerückt halten, sehen wir es so, wie es ist. Ebenso verhält es sich mit anderen Dingen. Berge, Flüsse, der Mond, Wolken – sie alle werden sichtbar, sobald wir das Blatt von unseren Augen entfernen.

Auch andere Dinge unseres Lebens können uns so nah sein, dass wir sie nicht in der richtigen Perspektive wahrnehmen. Allzu leicht verfangen wir uns in irgendwelchen Situationen, lassen uns von ihnen fortreißen und verlieren zuletzt jeden Überblick. Wir können uns leicht wegen einer Kleinigkeit vor Stolz blähen oder in die tiefste Melancholie versinken. Aber wenn wir die Dinge mit dem gebotenen Abstand betrachten, können wir auch die wundervolle Landschaft genießen, die uns umgibt.

SHUNDO AOYAMA

Wenn wir unbewusst dem Geräusch fließenden Wassers lauschen, scheint es dann nicht einen Rhythmus zu erzeugen? Und doch fließt kein Tropfen Wasser zweimal über denselben Stein und das Murmeln von Wasser, das über einen Felsen rauscht, verändert sich ständig. Gleichheit ist nur eine Illusion in den Ohren, in den Augen, im Geist des Menschen. Wasser, das einmal ein Flussbett entlanggeflossen ist, kann niemals wieder zurückkommen. Das menschliche Leben ist kein bisschen anders. Nur unsere weltlichen Augen und unser weltlicher Geist betrachten das Gestern als das Gleiche wie heute.

Erleuchtete Augen und ein erleuchteter Geist sollten erkennen, dass jeder Moment eine andere Form hat als jeder andere Moment.

SHUNDO AOYAMA

Ein Donner unterm klaren blauen Himmel;
Alle Wesen der Welt öffnen die Augen;
Alles zwischen Himmel und Erde verneigt sich;
Der Berg Sumeru hüpft und tanzt.

ZEN-MEISTER WU-MEN (MUMON, 1183–1260)

Eines Tages fragte der Buddha, als die große Tempelglocke angeschlagen wurde, Ananda [den Jünger, der sein persönlicher Diener war]: »Wo kommt der Glockenton her?«

»Aus der Glocke.«

Der Buddha sagte: »Der Glocke? Aber wenn es keinen Glockenschlägel gäbe, wie würde der Ton dann hervorkommen?«

Ananda verbesserte sich eilig: »Aus dem Schlägel! Dem Schlägel!«

»Dem Schlägel? Aber wenn es keine Luft gäbe, wie könnte der Ton dann hierher gelangen?«

»Ja! Natürlich! Er kommt aus der Luft!«

Der Buddha fragte: »Der Luft? Aber wenn man kein Ohr hat, kann man den Glockenton nicht hören.«

»Ja! Ich brauche ein Ohr, um ihn zu hören. Also kommt er aus meinem Ohr.«

Der Buddha erwiderte: »Deinem Ohr? Wenn du kein Bewusstsein hast, wie kannst du dann den Glockenton verstehen?«

»Mein Bewusstsein macht den Ton.«

»Dein Bewusstsein? Und wenn du keinen Geist hast, Ananda, wie hörst du dann den Glockenton?«

»Er wurde vom Geist allein erzeugt.«

ZEN-MEISTER SEUNG SAHN

Der Geist ist das Vermögen, die Phänomene sind die Daten: Beides sind wie Kratzer auf einem Spiegel.

Wenn es weder Kratzer noch Staub gibt, zeigt sich die Klarheit des Spiegels.

Wenn Geist und Phänomene vergessen sind, dann ist dein Wesen wahr.

CH'AN-MEISTER YANGQI (992–1049)

Nach dem Dashabhumika-Sutra gibt es in den Körpern der Lebewesen eine unzerstörbare Buddha-Natur, strahlend wie die Sonnenscheibe, rund und voll, riesig und grenzenlos; doch da sie von den dunklen Wolken der fünf Gruppen verhüllt ist, kann sie nicht hervorleuchten, genau wie eine Lampe in einem Krug.

Wenn überall Wolken und Nebel hängen, ist es dunkel in der Welt, doch das bedeutet nicht, dass die Sonne sich aufgelöst hätte. Warum ist kein Licht mehr da? Das Licht geht nie zugrunde; es ist nur von Wolken und Nebel verhüllt. Ebenso ist der reine Geist aller Lebewesen auch nur von den dunklen Wolken des Besessenseins von den Sinnesobjekten, willkürlichen Gedanken, seelischen Leiden, Meinungen und Ansichten verdeckt. Wenn du es nur schaffst, den Geist stillzuhalten, so dass kein Denken aufkommt, wird die Wirklichkeit des Nirvana spontan hervorscheinen. Daran erkennen wir, dass der innewohnende Geist ursprünglich rein ist.

CH'AN-MEISTER HONGREN

Denke an Was-nicht-denkt. Wie denkt man an Was-nicht-denkt? Es ist Nicht-denken.
Dies ist die Essenz des Sitzens in Versunkenheit.

ZEN-MEISTER DOGEN (1200–1253)

Zum Stillstand bringen« und »Sehen« sind das Yin und Yang der buddhistischen Meditation, die komplementären Zwillingshälften eines einheitlichen Ganzen. Die Grundbedeutung von »Zum Stillstand bringen und Sehen« – oder »Beendigung und Kontemplation«, wie es bisweilen feierlicher genannt wird – heißt »die Verblendung zum Stillstand bringen und die Wahrheit sehen«. Alle buddhistischen Meditationen, ja alle buddhistischen Prinzipien und Übungen, lassen sich unter eine dieser drei Kategorien subsumieren: Zum Stillstand bringen, Sehen und die Integration von beidem.

THOMAS CLEARY

Ein achtzigjähriger katholischer Geistlicher lernte von einer katholischen Nonne, die in Japan unter einem heutigen Roshi ausgebildet worden war, Zazen zu üben. Während seiner allerersten Sitzung strömten ihm die Tränen aus den Augen. Warum? Es war nicht die Reglosigkeit des Körpers, ebenso wenig die Stille des Geistes oder der süße Duft verbrennenden Aloeholzes. Es war keine plötzliche Zunahme an spirituellem Streben in einem Herzen, das schon seit über sechzig Jahren inbrünstig strebte. Es war die vollkommene Abwesenheit von Verblendung. Es war das Licht Christi als Alles-in-Allem. Es war die Anwesenheit wesenhaften Gewahrens, nicht lediglich in seinem eigenen Herz-Geist, sondern in allen Geschöpfen. Es war unermessliche Reinheit ohne eine Grenze. Es war nichts anderes da.

Zen ist schlicht die Demonstration des wesenhaften Gewahrens. Nicht die Beine kreuzen und sich auf ein Polster setzen. Nicht mithilfe paradoxer Aussagen und abrupter Gesten unterrichten. Namenlosigkeit ist das, was den Urfrieden und die Stille des Zazen ausmacht.

LEX HIXON

Wenn man lange bei einem Lehrer studiert und beide ernsthaft dem Dharma dienen, können wunderbare Dinge passieren. Verhältnisse können sich umkehren und plötzlich ist an einem Tag der Lehrer der Schüler und der Schüler der Lehrer. Es stellt sich eine unvorstellbare Reaktionsbereitschaft ein. Sehr schön kommt die Beziehung zwischen Lehrer und Schüler im Koan von der Vogelmutter und dem Vogelkind zum Ausdruck: Sie pickt das Ei von außen, das Kleine von innen an. Beide picken eifrig drauflos und versuchen, die Schale zu beseitigen. Dieses Bild veranschaulicht sehr plastisch, wie Lehrer und Schüler jeder auf seine Weise an den Hindernissen auf dem Weg zur Weisheit arbeiten.

SENSEI PAT ENKYO O'HARA

Zwei Spiegel
spiegeln einander.

SOIKU SHIGEMATSU (ÜBERS.)

In einer alten Zen-Geschichte wird erzählt, wie ein Schüler zum Meister Ikkyu sagte: »Bitte schreibt mir etwas von großer Weisheit auf.« Meister Ikkyu nahm einen Pinsel und schrieb das eine Wort: »Aufmerksamkeit«. Der Schüler sagte: »Ist das alles?« Da schrieb der Meister: »Aufmerksamkeit. Aufmerksamkeit.« Der Schüler sagte gereizt: »Das erscheint mir nicht sehr bedeutungsvoll und tiefgründig.« Statt einer Antwort schrieb Meister Ikkyu einfach auf das Blatt: »Aufmerksamkeit. Aufmerksamkeit. Aufmerksamkeit.« Enttäuscht fragte der Schüler: »Was bedeutet dieses Wort *Aufmerksamkeit?*« Meister Ikkyu antwortete: »Aufmerksamkeit bedeutet Aufmerksamkeit.«

CHARLOTTE JOKO BECK

Einmal kam ein Samurai zum Zen-Meister Hakuin [1689–1769].

»Ihr sollt ein großer Zen-Meister sein«, sagte er. »Also möchte ich, dass ihr mir die Wahrheit über Himmel und Hölle verratet. Existieren die beiden wirklich?«

Ohne einen Augenblick zu zögern entgegnete Hakuin: »Was denn, selbst ein so hässlicher und unbegabter Mann wie du kann ein Samurai werden? Unglaublich!«

Der stolze Samurai sprang wutschäumend auf und zog das Schwert. »Ich bring dich um!«, brüllte er.

Unerschrocken sagte Hakuin: »Das ist die Hölle.«

Der Samurai hielt inne und wurde nachdenklich. Seine zornverzerrte Miene entspannte sich. Er steckte das Schwert in die Scheide zurück, legte die Hände flach aneinander und verneigte sich vor Hakuin.

»Und das«, sagte Hakuin ebenso ruhig, »ist der Himmel.«

RAFE MARTIN UND MANUELA SOARES

Das Koan ist wie das Steinchen im Mund eines Mannes, der durch die Wüste wandert. Es löscht den Durst nicht, aber es stimuliert das natürliche Mittel, ihn zu löschen.

CHRISTMAS HUMPHREYS

Letztlich sagen die Ch'an-Meister: »Lasst uns unseren Geist auf das Wirkliche einstellen.« Solange unser Geist nicht richtig eingestellt ist, wirken die Sinnesobjekte sowie die durch sie ausgelösten Sinneswahrnehmungen und die gespeicherten Ergebnisse dieser Wahrnehmungen auf ihn ein und setzen dadurch endlose Ketten von Aktion und Reaktion in Bewegung. Der Prozess der Korrektur dieser falschen Einstellung oder falschen Sicht kann nur in dem Sinne als »graduell« bezeichnet werden, als die meisten Menschen eine lange, gründliche Vorbereitung benötigen; die wahre Wahrnehmung aber stellt sich blitzartig ein, sobald wir gelernt haben, für sie bereit zu sein ... Sobald die richtige Einstellung erreicht ist, geht uns die Wirklichkeit blitzartig auf, stellt sich das gesamte Universum der Phänomene so dar, wie es wirklich ist; dessen Macht, uns zu beeinträchtigen und zu hemmen, endet augenblicklich, unser noch vorhandenes Karma verbrennt rückstandslos in diesem Blitz und nichts bleibt uns dann als die Verpflichtung, den Weg zu weisen, damit jetzt auch andere die absolute Schau erlangen können, so wie es uns gelungen ist. Wenn uns diese absolute Einsicht wie ein blendendes Licht erfasst, werden wir entdecken, dass nichts existiert oder je existiert hat, außer in unserem Geist; ja, dass unser Geist überhaupt nicht unser Geist ist, sondern der Geist an sich; dass dieser Geist vollkommen unbewegt ist, eine reine Leere, insofern als er völlig ohne Form, Eigenschaften, Gegensätze, Pluralität, Subjekt, Objekt oder sonst etwas ist, woran er sich festmachen ließe; und dass er dennoch gewiss nicht inhaltsleer ist, insofern als er der anfangslose Anfang und das unendliche Ende all der Phänomene ist, die von Moment zu Moment zu dem unaufhörlichen Fluss dessen beitragen, was wir »Existenz« nennen.

JOHN BLOFELD

Koans nehmen greifbare, handfeste Dinge, wie einen Hund, einen Baum, ein Gesicht, einen Finger zum Gegenstand, um uns einerseits sehen zu lehren, dass ein jedes Ding seinen absoluten Wert hat, und um andererseits die Neigung des Intellekts, sich an abstrakten Begriffen festzuhaken, zum Stillstand zu bringen. Aber der Sinn aller Koans ist der Gleiche: nämlich, dass die Welt ein zusammenhängendes Ganzes ist und dass jeder Einzelne von uns eben dieses Ganze ist.

Die chinesischen Zen-Meister, jene Genies des Geistes, die diese paradoxen Dialoge schufen, trugen keine Bedenken, in ihren erstaunlichen Schöpfungen über Logik und gesunden Menschenverstand die Nase zu rümpfen. Indem diese Koans den Verstand beschwatzen, Lösungen zu versuchen, die ihm unmöglich sind, offenbaren sie uns die Grenzen des logischen Verstands, wenn er als Instrument zur Erkenntnis letzter Wahrheit dienen soll. Durch diesen Vorgang reißen sie uns von unseren Dogmen und Vorurteilen los, berauben uns unserer Neigung, Gut und Böse zu unterscheiden, und machen uns leer von unseren falschen Vorstellungen eines Ich-und-Anderen, mit dem Ziel, dass wir eines Tages inne werden können, dass die »Welt der Vollkommenheit« tatsächlich keine andere ist als jene, in der wir wissen und ausscheiden, lachen und weinen.

ZEN-MEISTER HAKUUN YASUTANI (1885–1973)

Ein Mönch fragte Tung Shan [Tozan, 807–869]: »Was ist der Buddha?«
Tung Shan sagte: »Drei Pfund Hanf.«

Kommentar
Viele Leute stützen ihre Interpretation auf das Wort und sagen, dass Tung Shan gerade im Speicher war und Hanf abwog, als der Mönch ihm die Frage stellte, und er deswegen so antwortete. Manche sagen, dass, wenn Tung Shan nach dem Osten gefragt wird, er in seiner Antwort über den Westen spricht. Manche sagen, dass Tung Shan auf diese indirekte Weise antwortet, da du selbst ein Buddha bist und dennoch weiter nach dem Buddha fragst. Und dann gibt es noch eine weitere Sorte … Menschen, die sagen, dass die drei Pfund Hanf tatsächlich in sich der Buddha sind. Aber diese Interpretationen haben nichts zu besagen. Wenn du dich bei deiner Suche auf diese Weise von Tung Shans Worten leiten lässt, dann kannst du suchen, bis Buddha Maitreya auf der Erde geboren wird, und wirst es trotzdem nicht einmal im Traum finden.

Was ist der Grund? Wörter und Sätze sind lediglich Gefäße zur Übermittlung des Weges. Weit davon entfernt, die Absicht der Alten zu erkennen, suchen die Leute nur in ihren Worten; was können sie dadurch schon begreifen? Hast du nicht gelesen, was ein Alter sagte: »Ursprünglich ist der Weg wortlos; mit Worten veranschaulichen wir den Weg. Sobald du den Weg siehst, sind die Worte sofort vergessen.« Um dahin zu gelangen, musst du zuerst zu deinem ursprünglichen Zustand zurückkehren …

›NIEDERSCHRIFT VON DER BLAUGRÜNEN FELSWAND‹

Das beste Koan ist zweifellos dasjenige, das aus unserer jeweiligen Lebenssituation erwächst. So könnte ein Buddhist zum Beispiel mit dem folgenden Problem zu ringen haben: »Wenn alle Wesen, wie der Buddha lehrte, ausnahmslos vollkommen sind, warum gibt es dann so viel Schmerz und Leiden in der Welt?« Oder ein Gläubiger könnte sich inständig fragen: »Ich bin grundsätzlich ein Buddha – warum handle ich wie alles andere als einer?« Menschen, die vom Bedürfnis umgetrieben werden, grundsätzlichen Widerspruch zwischen ihrem Glauben an die Wahrheit der Äußerungen des Buddha und dem Zeugnis ihrer eigenen Sinne aufzulösen, haben ein natürliches Koan.

PHILIP KAPLEAU

Der Zen-Meister Ta-mei Fa-ch'ang [Daibai Hojo, 752–839] lebte gegen Ende des achten und Anfang des neunten Jahrhunderts in China. Er zog sich in die Einsamkeit der Berge zurück …

Eines Tages verirrte sich ein Priester im Gebirge und gelangte zufällig zu Ta-meis Grashütte. Als er nach dem Weg hinunter ins Dorf fragte, erwiderte Ta-mei: »Folg dem Fließen des Baches«, was bedeutet, dass man nur dem Bach zu folgen braucht, um aus dem Gebirge herauszufinden.

Die Essayistin Wariko Kai schrieb dieses Gedicht:

Trotz Steinen, Wurzeln,
Fließt kräuselnd, nur sich kräuselnd,
Munter das Wasser.

Von einer zweckgerichteten, ichbezogenen Perspektive aus betrachtet, sind Steine und Baumwurzeln nicht wünschenswert. Aber wenn wir unseren Standpunkt wechseln, dann macht gerade das Vorhandensein von Steinen und Baumwurzeln den Bergbach schöner und den Anblick der kleinen Wellchen, die sich daran kräuseln, unaussprechlich reizvoll.

Wenn wir Freude, Wut, Glück und Trauer als Bereicherungen unseres Lebens betrachten, ebenso wie Steine und Baumwurzeln und Wasserspritzer die Natur bereichern, sind wir imstande, alles, was uns begegnen mag, zu akzeptieren, und leben wie fließendes Wasser, ohne uns irgendwo festzuklammern.

SHUNDO AOYAMA

Wenn wir wahrhaft den Dharma praktizieren,
Werden wir nirgends Fehler bemerken.
Wenn wir die Mängel der anderen bemerken,
Sind unsere Tadel schon Ausdruck unserer Fehler.

Andere mögen Unrecht haben, doch wir tadeln nicht,
Denn wenn wir tadeln, sind wir schon im Unrecht.

Wir brauchen uns nur des urteilenden Geistes zu entledigen,
Um unsere Unreinheiten und Ängste abzutragen.

Wenn der Geist nicht mehr an »mag« und »mag nicht« denkt,
Dann kann er sich entspannen, als schliefen wir mit ausgestreckten Beinen.

Wollen wir fähig sein, anderen zu helfen,
Brauchen wir geist-offene Hilfsbereitschaft …

HUI-NENG (638–713)

Heutzutage reden die Leute von Opfern, von Selbstverleugnung, von Dienen, aber es beruht alles auf Selbstsucht und sehr bald erwarten sie, irgendwelche Resultate zu sehen. Also ist es ein gemeines, unreines Gutes, auch wenn es als Gut bezeichnet wird … Ehe nicht das wesenhafte Haften am Selbst zerschmilzt – bevor das Ich-verblendete Herz nicht vollkommen verleugnet wird –, ist das Gute in sich nur eine Täuschung und das Böse ebenso. Solange die Täuschung fortbesteht, leistet das so genannte Gute – ichbezogen, wie es ist – nur durch Zufall etwas Gutes. Wir tun ein bisschen Gutes; aber nur versehentlich.

SOTO-ZEN ABT ABORA

Eiichi Enomoto schrieb das folgende Gedicht; es heißt »Einsiedlerkrebs«:

Das Haus: nicht mein Werk.
Auf Borg von Himmel und Erde
Leb ich Tag für Tag.

Unser Leben ist eine Kombination aus den Dingen, die wir uns borgen, und denen, die wir zum Geschenk erhalten. Ohne alle Kraft von Himmel und Erde zu borgen, könnten wir nicht einmal für einen Augenblick wahrhaft leben. Ein Fehlen dieser geborgten Kraft macht alles unmöglich – das Aussprechen von Worten, die Wahrnehmung durch Augen und Ohren, die willkürliche Bewegung von Armen und Beinen und die unwillkürliche Aktivität von Herz und Magen. Das Wissen um diese Wahrheit zwingt uns, den Selbstmord abzulehnen.

SHUNDO AOYAMA

Da es im Dharma wesenhaft nichts zurückzuhalten gibt, üben die Weisen Freigebigkeit und geben ihren Körper, ihr Leben und ihre Habe ohne jedes Bedauern in ihrem Herzen. Im klaren Wissen um die Leere von Geber, Gabe und Empfänger stürzen sie nicht in die Fallgrube von Abneigung oder Anhaftung.

BODHIDHARMA (GEST. UM 533)

Spirituelle Transformation« klingt ganz schön hochtrabend, aber genau das ist es, woran wir arbeiten. Und es ist keine leichte Arbeit. Es gibt Schmerz und Müdigkeit, es gibt viele Zweifel und Fragen. Aber dies ist eine Übung in Vereinigung von Körper und Geist. Es ist nicht bloß Sitzen und Denken, sondern ein dynamisches Bewusst-Sein, ein Wahrnehmen mit unserem gesamten Körper. Wir lassen den Atem zu allen schmerzenden Stellen in uns strömen – nicht bloß zu den physischen Wunden, sondern zu allen Wunden unseres Lebens. Der Atem dringt zärtlich, warm, heilend ein. Unsere Zazen-Haltung ist eine Haltung des Heilens. Sie ist offen und wachsam: Der heilende Atem strömt ungehindert durch unsere ganze Person.

MAURINE STUART

Gehe selbst mit einem einzelnen Blatt Gemüse so um, dass es den Leib des Buddha manifestiert. Dies wiederum gestattet es dem Buddha, sich durch das Blatt zu manifestieren. Das ist eine Macht, die du mit deinem rationalen Verstand nicht fassen kannst. Sie wirkt frei, der Situation angemessen, auf ganz spontane Weise. Gleichzeitig wirkt sich diese Macht klärend und beruhigend auf unser Leben und wohltuend auf alle Lebewesen aus.

ZEN-MEISTER DOGEN (1200–1253)

Als der Erste Minister Ts'ui einmal den Tempel betrat, sah er, wie ein Spatz seinen Darm auf den Kopf eines bronzenen Buddha entleerte. Er fragte: »Hat ein Spatz eine Buddha-Natur?«

Der Meister [Ju Hui, 8. Jahrhundert] antwortete: »Ja, hat er.«

Minister Ts'sui fragte: »Warum kleckst er dann dem Buddha auf den Kopf?«

Der Meister entgegnete: »Warum nicht eher einem Sperber?«

TAO YUAN (11. JAHRHUNDERT)

Es war einmal ein Mönch, der war ein großer Kenner der buddhistischen Gebote und hatte sie sein Leben lang eingehalten. Als er einmal nachts unterwegs war, trat er auf etwas. Es machte ein matschiges Geräusch und er meinte, auf eine Eier tragende Kröte getreten zu sein. Wegen des buddhistischen Gebots, jegliches Leben zu schonen, löste dies große Bestürzung und Reue bei ihm aus, und als er sich in dieser Nacht dann endlich zur Ruhe begab, träumte er, dass Hunderte von Kröten kamen und sein Leben forderten.

Der Mönch war schrecklich verwirrt, aber als es Morgen wurde, sah er nach und stellte fest, dass er auf eine überreife Aubergine getreten war. In dem Moment verflog sein Gefühl der Unsicherheit und zum ersten Mal in seinem Leben verstand er die Bedeutung der Lehre, dass es keine objektive Welt gibt. Da wusste er endlich, wie er Zen zu üben hatte.

ZEN-MEISTER FOYAN

Der Buddha lehrte:

Laufe nicht der Vergangenheit nach.
Verliere dich nicht in der Zukunft.
Die Vergangenheit ist nicht mehr.
Die Zukunft ist noch nicht gekommen.
Das Leben, wie es hier und jetzt ist,
eingehend betrachtend
weilt der Übende
in Festigkeit und Freiheit.
Es gilt, uns heute zu bemühen.
Morgen ist es schon zu spät.
Der Tod kommt unerwartet.
Wie können wir mit ihm handeln?
Der Weise nennt jemanden, der es versteht,
Tag und Nacht
in Achtsamkeit zu weilen,
›jemanden, der
den besseren Weg kennt, allein zu leben‹.

THICH NHAT HANH

Als der Buddha sagte: »Lauft nicht der Vergangenheit nach«, meinte er damit: »Lasst euch nicht von der Vergangenheit überwältigen.« Er meinte damit nicht, dass wir aufhören sollten, die Vergangenheit eingehend zu betrachten. Wenn wir die Vergangenheit mit eingehender Betrachtung vor unserem inneren Auge vorbeiziehen lassen, sind wir fest in der Gegenwart verankert und werden nicht von der Vergangenheit überwältigt. Das Material der Vergangenheit, das die Gegenwart geformt hat, tritt klar zutage, wenn es sich in der Gegenwart ausdrückt. Wir können von diesem Material lernen. Wenn wir es eingehend betrachten, können wir zu einem neuen Verständnis dieses Materials gelangen. Wir nennen dies »etwas Altes noch einmal anschauen, um etwas Neues zu lernen«.

Wenn wir wissen, dass die Vergangenheit auch in der Gegenwart liegt, verstehen wir, dass wir die Vergangenheit ändern können, indem wir die Gegenwart verwandeln. Die Geister der Vergangenheit, die uns in die Gegenwart hinein verfolgen, gehören auch in den gegenwärtigen Augenblick. Sie eingehend betrachten, ihre Natur erkennen und sie umwandeln heißt die Vergangenheit umwandeln.

THICH NHAT HANH

Hui-neng [der sechste Patriarch, 638–713] sagt uns, dass wir niemals etwas begreifen werden, indem wir darüber nachdenken, nachdem es passiert ist. Wenn unser Geist klar ist, werden wir in eben diesem Moment unsere ursprüngliche Natur sehen. Wenn unser Geist nicht verschwommen ist, nicht mit irgendwelchen fixen Ideen übertüncht, nicht von alten Gewohnheiten, alten Bräuchen gefesselt, dann lässt sich unsere ursprüngliche Natur unmittelbar gewahren. Hui-neng sagt auch, dass wir, indem wir an einem bösen Gedanken festhalten, die Ursache von einer Million Jahren der Tugend zerstören. Was meint er mit einem »bösen Gedanken«? Ein solcher Gedanke, der uns allen viel Schmerz verursacht, ist der Groll. Vielleicht bereitet es uns ein Gefühl der Überlegenheit, jemandem »Ich verzeihe dir« zu sagen. Die Sache ist scheinbar erledigt, aber der Schmerz und der Groll sind möglicherweise nur in unser Unbewusstes verdrängt worden und stattdessen steigt eine gewisse Härte an die Oberfläche. Wir sagen vielleicht: »Ich werd's nie wieder tun.« Aber woher sollen wir schon wissen, was wir wieder tun werden oder nicht?

Wahres Vergeben führt einschneidende Veränderungen in unserem Herzen herbei. Wir reden fortwährend davon, das Herz zu öffnen. Auch das ist leichter gesagt als getan. Was bedeutet es, unser Herz in wahrer Vergebung zu öffnen? Es bedeutet, alle Schicksalsschläge, die wir erlitten haben, alle Zurückweisungen der Vergangenheit, Gegenwart und Zukunft, all unsere Schwächen, als Teil einer Finsternis zu sehen, die dazu beigetragen hat, uns mehr Licht zu bringen.

MAURINE STUART

Liebe Freunde, inwiefern ähneln sich also Meditation und Weisheit? Sie ähneln der Lampe und dem Licht, das diese ausstrahlt. Wenn eine Lampe da ist, gibt es Licht; ist keine Lampe da, gibt es kein Licht. Die Lampe ist die Grundlage des Lichts; das Licht ist die Funktion der Lampe. Obwohl sie also zwei unterschiedliche Namen haben, sind sie der Substanz nach nicht zwei. Mit der Meditation und der Weisheit verhält es sich genauso.

HUI-NENG (638–716)

Betrachten wir unser Leben so, wie es ist, mit all seinem Weinen und Lachen. In jedem einzelnen Fall bleibt eine Spur zurück … Unser Leben hinterlässt diese Spuren. Wie ich immer wieder betone, sollten wir, selbst wenn wir lachen, mit einem wahrhaft leeren Herzen lachen. Doch wir tun das nie. »Kalt heute!«, und: »Na, wie geht's?« – Äußerungen ohne jeden Zweck, die wie Öl ausgegossen und von einem kleinen Lachen begleitet werden. Kein echtes Lachen reiner Freude, denn nicht einmal in unserem Lachen wird unser Herz leer seiner Bürden. Das Ding mit Namen »ich« sitzt in der Brust und das Lachen hat hier seinen Mittelpunkt. Das Ich lacht, weil die Dinge gut für es zu stehen scheinen. Und mit dem Weinen verhält es sich genauso. Mit jedem Schritt wird eine Spur hinterlassen und diese Art zu leben ist die Welt von Geburt-und-Tod, das Leben der Täuschung.

Die Spuren, die Freude und Kummer hinterlassen, sind Fußabdrücke. Zen-Meister Dogen nennt sie mit religiöseren Wendungen die schwere Bürde der Unwissenheit, die Wurzel des Bösen … Die Suche nach innerer Leichtigkeit – der Fähigkeit zu weinen, aber mit einer Leere im Herzen, zu lachen, aber mit derselben Leere im Herzen –, das ist die große Weisheit. Aus einer inneren Leere heraus Dinge zu tun ist die Weisheit des Wissens um die höchste Leere. Die Fähigkeit, in die Leere hinein zu verneinen, ist die große Weisheit … »Leere« bedeutet nicht ein Nichts mit nichts darin. Es bedeutet, keine Spuren zu hinterlassen.

SOTO-ZEN ABT ABORA

Jedes Ding spiegelt, durchdringt und enthält alle übrigen Dinge. Das ist die organische Natur des Universums und wird im klassischen Buddhismus als wechselseitige Bedingtheit bezeichnet. Affinität und Koinzidenz sind deren äußere Manifestationen … Der andere ist kein anderer als ich. Dies ist die Grundlage der Gebote und die Inspiration zu wahrhaft menschlichem Verhalten.

Die eigene Schattenseite mit einem Lächeln anzuerkennen und des anderen Lichtseite mit einem Lächeln anzuerkennen – das ist Übung. Die eigene Lichtseite ständig herauszukehren und sich an die Schattenseite des anderen zu klammern – das ist keine Übung.

ROBERT AITKEN

Fallbeispiel

Der Erhabene hält vor den Augen der Versammlung eine Blume empor. Mahakashyapas Gesicht verklärt sich und er lächelt.

Kommentar

Öffne die Augen und sieh aufmerksam hin. Eintausend Bergketten trennen den Reflektierenden von demjenigen, der wirklich anwesend ist.

Strophe

Als er die Blüte ansah,
die der Erhabene emporhielt,
wusste sich Mahakashyapa plötzlich zu Hause.
Dies die »Übertragung des Buddha-Dharma« zu nennen
bedeutet, dass einzig für ihn
die Wagendeichsel ein angemessenes Fahrzeug ist.

TRAN THAI TONG (VIETNAMESISCHER KÖNIG, 1218–1277)

Die private Begegnung [dokusan] des Zen-Schülers mit seinem Meister ist einer der drei Pfeiler, auf denen die Zen-Schulung ruht; die anderen zwei sind Meditation (zazen) und die Darlegung durch den Meister (teisho). Der genaue Bedeutungsgehalt und Geist von dokusan [wörtlich »allein gehen«] lässt sich nur deswegen durch kein einzelnes Wort einer abendländischen Sprache wiedergeben, weil es in unserem Kulturkreis bis in jüngste Vergangenheit keine solche Form der spirituellen Schulung gegeben hat. Die private Begegnung ist kein Vorstellungsgespräch, in dem ein angehender Schüler Fragen zu seiner Person beantwortet, erklärt, warum er Zen üben möchte, und vielleicht seinerseits eine Vielzahl von Fragen stellt, die gar nichts mit der Schulung zu tun haben. Ebenso wenig ist es ein schlichtes geselliges Beisammensein. Sie beinhaltet aber auch keine Erörterung buddhistischer Lehren im Stil eines akademischen Kolloquiums. Noch weniger ist sie eine Sitzung, in der sich der Schüler etwa Ratschläge zu Fragen, die seine zwischenmenschlichen Beziehungen betreffen, einholen würde. In dokusan prüft der Lehrer den Stand des Verständnisses und – falls bereits vorhanden – der höheren Erkenntnis des Schülers und gibt ihm Hinweise für seine weitere Übung. Bei einem fortgeschritteneren Schüler ist diese »Prüfung« ein aktiverer Eingriff, mittels dessen der Lehrer versucht, dem Schüler eine Demonstration seines Verständnisses zu entlocken – ähnlich wie man einen Reizstoff in eine Auster einführt, um sie zur Bildung einer Perle anzuregen.

PHILIP KAPLEAU

Ein Wort
dem Verständigen;

Ein Schlag
dem klugen Pferd.

SOIKU SHIGEMATSU (ÜBERS.)

Seng Ts'an [Sosan, 526–606, der dritte Patriarch des Ch'an] sagte zu Hui-k'e [Eka, 487–593, der zweite Patriarch des Ch'an]: »Ich habe Rheuma; bitte beichte die Sünde an meiner statt.« Hui-k'e erwiderte: »Zeig mir deine Sünde und ich werde sie an deiner statt beichten.« Nach langem Nachdenken sagte Seng Ts'an: »Obgleich ich nach meiner Sünde gesucht habe, konnte ich sie doch nicht finden.« Hui-k'e erwiderte: »Damit habe ich deine Sünde also gebeichtet, aber dennoch muss deine Zuflucht der Buddha, der Dharma und der Sangha sein.« Seng Ts'an sagte: »Wenn ich dich sehe, weiß ich, was der Sangha ist, aber was den Buddha und den Dharma anbelangt, bin ich mir nicht so sicher.« Hui-k'e erwiderte: »Dieser Geist ist der Buddha; dieser Geist ist der Dharma. Sie sind nicht zwei. Auch der Sangha ist dieser Geist.« Da sagte Seng Ts'an: »Heute weiß ich, dass die Natur der Sünde weder innen noch außen noch dazwischen ist. Sie ist genau wie der Geist, der nicht verschieden ist von dem Buddha und dem Dharma.«

YI WU

Allein leben heißt nicht, Welt und Gesellschaft ablehnen. Der Buddha hat gesagt, allein leben hieße, im gegenwärtigen Augenblick weilen und tief in das gegenwärtige Geschehen schauen. Wenn wir das tun, werden wir nicht in die Vergangenheit gezogen oder in Gedanken über die Zukunft verwickelt. Der Buddha hat gesagt, wenn wir nicht im gegenwärtigen Augenblick leben können, dann sind wir nicht einmal wirklich allein, wenn wir im tiefsten Wald allein sind. Und er hat weiter gesagt: Wenn wir dagegen im gegenwärtigen Augenblick voll und ganz lebendig sind, dann kann man von uns sagen, wir lebten allein, selbst wenn wir in einer Stadt unter vielen Menschen leben.

Buddhistische Meditierende wissen, wie wichtig das Üben in einer Gemeinschaft ist. Darauf bezieht sich der Satz: »Ich nehme Zuflucht zum Sangha.« Ein vietnamesisches Sprichwort sagt: »Suppe ist für eine Mahlzeit, was Freunde für die Übungspraxis sind.« Mit einer Gemeinschaft in Berührung sein, von den anderen lernen, in einer Gemeinschaft Zuflucht suchen, das sind alles sehr wichtige Dinge. Es gilt, den Weg, allein zu leben, in einer Gemeinschaft von Übenden zu entdecken.

THICH NHAT HANH

In Gemeinschaft handeln« ist wie Kartoffeln waschen. Wenn man in Korea Kartoffeln wäscht, wäscht man sie nicht einzeln, sondern kippt sie alle zusammen in einen Bottich voll Wasser. Dann steckt man einen Stock in den Bottich und rührt, immer auf und ab, auf und ab. Dadurch reiben sich die Kartoffeln aneinander; und das bewirkt, dass die vom Wasser aufgeweichte Erdkruste abfällt. Wenn man Kartoffeln einzeln wäscht, braucht man für jede einzelne viel Zeit, und es wird immer nur eine auf einmal sauber. Wenn die Kartoffeln alle zusammen sind, machen sie sich gegenseitig sauber.

MU SOENG

Wenn du alle Buddhas der Vergangenheit,
Gegenwart und Zukunft voll und ganz verstehen willst,
Dann solltest du das Wesen des Universums
Als reine Schöpfung des Geistes betrachten.

›DAILY CHANTING BOOK‹ DES PROVIDENCE ZEN CENTER

So wie ein Spiegel Grün und Rot, Schwarz und Weiß unparteiisch spiegelt, ohne durch irgendeines von ihnen im Mindesten getönt zu werden; so wie der Dunst eines Wasserfalls alle Farben des Regenbogens reflektiert, ohne seine farblose Reinheit einzubüßen; so wie Träumende Zeugen von Liebes- und Gewaltszenen werden, ohne auch nur einen Finger zu krümmen – genauso reagiert der Geist des Erleuchteten auf das unaufhörliche Schauspiel der Phänomene. Wenn dies alles auch im tiefsten spirituellen Sinne mehr oder weniger zutrifft, sollten wir uns doch hüten, diese Analogien – Spiegel, Dunst, Träumender – zu wörtlich zu verstehen, denn selbst ein Spiegel impliziert eine Pluralität von Reflektor, Vorgang des Reflektierens und reflektiertem Objekt, während diese drei in Wahrheit nicht voneinander verschieden sind; so dass ab einem bestimmten Punkt auch der Spiegel eine bloße Analogie ist – ein weiteres Floß, das zurückgelassen werden muss.

JOHN BLOFELD

Das ›Diamant-Sutra‹ sagt: »Wenn ihr Geist sich an den Dharma klammert, dann hängen sie weiterhin am Begriff eines Ichs (eines Wesens und eines Lebens); wenn ihr Geist sich an den Nicht-Dharma klammert, dann hängen sie weiterhin am Begriff eines Ichs (eines Wesens und eines Lebens). Deswegen sollten wir uns weder an den Begriff des Dharma noch an den des Nicht-Dharma klammern.« Dies bedeutet, sich an den wahren Dharma zu halten. Wenn du diese Doktrin verstehst, dann ist das die wahre Befreiung – das bedeutet wahrlich, die Pforte der Nichtzweiheit zu erreichen.

CH'AN-MEISTER HUI HAI (720–814)

Zen ist eine unmittelbare Erfahrung dessen, wie die Dinge wirklich sind. Zen ist eine persönliche Reise zur Erleuchtung, an deren Ende der Suchende feststellt, dass er keine Person ist und dass keine Reise stattgefunden hat. Zen ist, den Geist zu erkennen, ohne das Denken zu benutzen. Zen ist, sein Leben zu leben, indem man es sich selbst leben lässt. Zen ist die Entscheidung, keine Vorlieben zu haben. Zen ist, etwas Einzigartiges zu werden, indem man nichts Besonderes tut. Zen zu verstehen bedeutet, sich dem Paradoxon hinzugeben – das Einssein zu finden, das sämtliche Gegensätze enthält … Wir leiden an der Krankheit der eingebildeten Gesondertheit. Wir glauben, die Welt sei voll von gesonderten Einzeldingen, während in Wirklichkeit alles ein in sich zusammenhängendes Ganzes ist. Wir erleben uns als bewusstseinsbegabte Hautsäcke, die ein flüchtiges sterbliches Dasein fristen, während wir in Wirklichkeit der ewige Geist des Universums sind. Getrenntheit ist die Krankheit und Zen ist die Kur.

TIMOTHY FREKE

Obwohl es von seinen Anhängern als eine Religion betrachtet wird, hat das Zen keine heiligen Schriften, deren Worte als Gesetz gelten würden; keinen festgelegten Kanon; keine starren Dogmen; keinen Heiland und kein göttliches Wesen, durch dessen Gnade oder Vermittlung die letztendliche Erlösung des Gläubigen garantiert würde. Dieses Fehlen von Attributen, die allen übrigen religiösen Systemen gemein sind, verleiht dem Zen eine Aura von Freiheit, die viele Menschen von heute anspricht. Außerdem hat das erklärte Ziel des Zen, durch Anwendung seiner besonderen Methoden ein hohes Maß an Selbsterkenntnis und daraus folgendem Seelenfrieden herbeizuführen, das Interesse vieler westlicher Psychologen geweckt …

Das größte Hindernis beim Versuch, die mögliche Bedeutung des Zen für den Westen zu erörtern, ist die Schwierigkeit zu erklären, »wie es funktioniert«. In seinen vier selbstbezüglichen Aussagen betont das Zen besonders die Tatsache, dass seine Unterweisung sich jenseits und außerhalb der Sprache abspielt:

Eine besondere Überlieferung außerhalb der Lehre;
Unabhängigkeit von heiligen Schriften;
Unmittelbares Deuten auf des Menschen Herz;
Schau des eigenen Wesens und Buddha-Werdung.

Um zu wissen, was Zen ist – um es auch nur ansatzweise zu verstehen –, muss man es üben.

NANCY WILSON ROSS

Zen ist eine Religion der Gelassenheit. Zen ist keine Religion, die Emotionen auslöst, uns zu Tränen rührt oder dazu bringt, lauthals den Namen Gottes auszurufen. Wenn Seele und Geist sozusagen lotrecht aufeinander treffen, dann wird in demselben Moment die vollkommene Einheit von Universum und Selbst erkannt. Diese Erkenntnis wird sich mit einem Zeichen in unseren Intellekt einbrennen, das unsere Erleuchtung wie ein geheimes Wort auf ewig fassen wird.

SOKEI-AN

Ob's kommt, ob's geht,
Hinterlässt das Teichhuhn keine Spur
Und braucht keinen Führer.

ZEN-MEISTER DOGEN (1200–1253)

Sekito (chinesisch Shitou) war einer der großen Meister des chinesischen Zen des achten Jahrhunderts. Einer seiner Schüler, der Zen-Meister Tenno (chinesisch Tianhuang), fragte ihn:

»Was ist die höchste Bedeutung des Buddha-Dharma?«

Sekito erwiderte: »Kein Gewinn, keine Erkenntnis.«

Wieder fragte Tenno: »Kannst du mehr darüber sagen?«

Sekito antwortete: »Der ausgedehnte Himmel behindert die treibenden weißen Wolken nicht.«

KOSHO UCHIYAMA

Während seiner ganzen langen Laufbahn lehrte Chao-chou [Joshu, 778–897] auf schlichte Weise mit wenigen, ruhigen Worten. Es heißt, ein Licht schien um seine Lippen zu spielen, wenn er sprach. Dogen Kigen, der nicht die geringste Scheu hatte, viele seiner Vorfahren im Dharma zu kritisieren, konnte nur voller Ehrfurcht murmeln: »Joshu, der alte Buddha.« Seit seiner Zeit haben vierzig und mehr Generationen von Zen-Schülern – Chinesen, Koreaner, Vietnamesen, Japaner und inzwischen Menschen aus aller Welt – sein Wort »Mu« gehaucht und damit die lebendige Gegenwart des alten Buddha heraufbeschworen.

Damit ist Mu ein sprachliches Arkanum: ein uraltes Wort oder Wortgefüge, das spirituellen Suchern im Laufe der Jahrhunderte immer wieder als Konzentrationsobjekt und als Einstieg ins spirituelle Verstehen gedient hat. Wenn du dich diesem Strom anschließt, reihst du dich in die endlose Menschenkette vergangener, gegenwärtiger und künftiger Pilger ein.

Im gewöhnlichen Sprachgebrauch bedeutet das Wort *mu* »hat nicht«, doch wenn Chao-chou nichts anderes als das gemeint hätte, dann gäbe es gar kein Zen.

ROBERT AITKEN

Die Arbeit an einem Koan verlangt das aufrichtige und anhaltende Verlangen, es zu lösen, aber gleichzeitig – und hier kommt der Haken und eines der Paradoxa, an denen es im Zen wahrhaft nicht mangelt – muss man sich mit ihm auseinander setzen, ohne darüber nachzudenken. Wie wichtig dies ist, zeigt sich in den unermüdlichen Anstrengungen, die unternommen werden, den Schüler über das ewig dualistische und dialektische Muster gewöhnlichen Denkens hinauszudrängen. Immer und immer wieder wird die Unmöglichkeit betont, das Wahre lediglich dadurch zu fassen, dass man das Falsche aufgibt, oder Seelenfrieden oder irgendeine endgültige »Antwort« durch Argumentation oder Logik zu erlangen.

NANCY WILSON ROSS

Kein Kind hasst
seiner Mutter Hässlichkeit.

SOIKU SHIGEMATSU (ÜBERS.)

Ein Mönch erzählte Hui-neng [der sechste Patriarch des chinesischen Ch'an, 628–713] von einem Gedicht des Ch'an-Meisters Wo-lun, in dem es heißt:

Wo-lun ist geschickt, er kann hundert Gedanken abschneiden.
Angesichts der äußeren Zustände bleibt sein Geist unbewegt.
Die bodhi in seinem Geist nimmt täglich zu.

Als er dies hörte, sagte Hui-neng: »Dieses Gedicht trifft nicht die Substanz des Geistes. Wenn man sich in seiner Übung von ihm leiten lässt, gerät man in Abhängigkeit.« Dann trug er dem Mönch sofort das folgende Gedicht vor:

Wo-lun ist ungeschickt, er schneidet keine hundert Gedanken ab.
Angesichts der äußeren Zustände bewegt sich sein Geist oft.
Die bodhi ist genau das.

YI WU

Die Leute sagen, es sei schwierig, Zen zu praktizieren, aber sie missverstehen die Gründe. Es ist nicht deshalb schwierig, weil es schwer ist, in der Haltung mit gekreuzten Beinen zu sitzen oder Erleuchtung zu erlangen. Es ist schwierig, weil es uns schwer fällt, unseren Geist und unsere Praxis im ursprünglichen Sinn rein zu halten …

In Japan verwenden wir den Ausdruck *shoshin*, das heißt »Anfänger-Geist«. Das Ziel der Übung ist immer, unseren Anfänger-Geist zu bewahren. Wenn ihr zum Beispiel das Prajnaparamita-Sutra nur einmal rezitiert, so ist das vielleicht eine sehr gute Rezitation. Aber was würde passieren, wenn ihr es zweimal, dreimal, viermal oder noch öfter rezitiert? Dann verliert ihr leicht eure ursprüngliche Einstellung dazu. Dasselbe geschieht bei euren anderen Zen-Übungen. Eine Weile bewahrt ihr euren Anfänger-Geist, aber wenn ihr ein Jahr, zwei, drei oder mehr Jahre weiterübt, werdet ihr zwar vielleicht etwas vorankommen, aber ihr seid in Gefahr, die grenzenlose Bedeutung des ursprünglichen Geistes zu verlieren.

Für Zen-Schüler ist es das Wichtigste, nicht dualistisch zu sein. Unser »ursprünglicher Geist« enthält alles in sich. Er ist immer reich und genügt sich selbst. Diesen euren selbstgenügsamen Geisteszustand solltet ihr nicht verlieren. Damit ist kein verschlossener Geist gemeint, sondern dass er wirklich leer und bereit ist. Wenn euer Geist leer ist, ist er stets für alles bereit; er ist offen für alles. Im Anfänger-Geist gibt es viele Möglichkeiten, im Geist des Experten nur wenige.

SHUNRYU SUZUKI

Viele Chausseen führen zum Eintritt in den Weg, aber im Wesentlichen gehören sie einer von zwei Arten an: Eintritt durch das Prinzip [die kosmische Ordnung] und Eintritt durch die Übung.

»Eintritt durch das Prinzip« bedeutet, das Wesenhafte mittels der Belehrungen zu erwecken. Es erfordert einen festen Glauben daran, dass alle Lebewesen, Erleuchtete wie Gewöhnliche, dasselbe wahre Wesen gemeinsam haben und dass dieses nur aufgrund fehlerhafter Wahrnehmung verdunkelt ist und unerkannt bleibt. Wenn du dich vom Falschen zum Wahren wendest und unerschütterlich der Wand gegenüber verweilst, gibt es kein Ich oder Nicht-ich und gewöhnliche Menschen und Weisen sind ein und dasselbe. Du bleibst unbewegt und unerschütterlich, nie wieder verwirrt durch geschriebene Lehren. Vollkommene unaussprechliche Übereinstimmung mit dem Prinzip ist ununterschieden still und mühelos. Das nennt man Eintritt durch das Prinzip.

»Eintritt durch die Übung« bezieht sich auf die vier allumfassenden Übungen: die Übung der Vergeltung von Feindseligkeit, die Übung des Annehmens der eigenen Lebensumstände, die Übung des Nicht-Begehrens und die Übung der Übereinstimmung mit dem Dharma.

BODHIDHARMA (GEST. UM 533)

Neben der Schaffung einer festen Grundlage durch aufmerksame Lektüre gehören zur vorbereitenden Zen-Übung alle folgenden Dinge: beständiges Achten auf das Spiel der Phänomene in uns und um uns herum –, gleich ob man »geht, steht, sitzt oder liegt«; die unablässige Bemühung, dieses Schauspiel im Licht der von uns gelernten Wahrheiten zu sehen; eine graduelle Verringerung unserer gewohnheitsmäßigen Reaktionen durch Erkennen der psychischen und materiellen Phänomene als die Illusion, die sie sind, und damit die Weigerung, uns durch sie beflecken zu lassen; die Kultivierung spiegelgleicher Reaktionen anstelle unserer gewöhnlichen, in denen sich der Geist wie ein hochempfindlicher (d. h., leicht zu befleckender) Film verhält; die Übung eines immer umfassenderen Mitgefühls für alle Lebewesen; und wenigstens die einfacheren Formen von Meditation.

JOHN BLOFELD

In unserer Zeit streben die Menschen lediglich danach, sich mit Kenntnissen und Schlussfolgerungen voll zu stopfen; sie suchen überall nach Buchwissen und nennen das Ganze dann »Dharma-Übung«. Sie wissen nicht, dass so viele Kenntnisse und Schlussfolgerungen genau die gegenteilige Wirkung haben, nämlich Hindernisse aufzuschichten. Indem man lediglich viele Kenntnisse anhäuft, ist man wie ein Kind, das sich den Magen verdirbt, indem es zuviel Quark in sich hineinschlingt. Diejenigen, die den Weg gemäß den drei Fahrzeugen [Zen, übriges Mahayana, Theravada] studieren, sind alle so. Man kann sie als nichts anderes bezeichnen denn als Menschen mit verdorbenem Magen. Wenn so genannte Kenntnisse und Schlussfolgerungen nicht verdaut werden, verwandeln sie sich in Gifte, denn sie gehören ausschließlich der Ebene des Samsara an. Im Absoluten ist nichts dergleichen zu finden.

CH'AN-MEISTER HUANG PO (9. JAHRHUNDERT)

In alter Zeit lebte ein Mann. Als er (im Hause eines Freundes) im Begriff war, Reiswein zu trinken, glaubte er, im Wein(-becher) eine (kleine) Schlange zu sehen. Doch trank er den Wein. Als er danach nach Hause ging, hatte er arge Leibschmerzen. Man wandte viele Heilmittel an, doch ohne Wirkung. Als das Leben des Mannes zu Ende ging, hörte der Gastgeber von seinem Zustand und lud ihn abermals zu sich ein. Er ließ ihn auf der gleichen Stelle Platz nehmen wie beim vorigen Mal und bot ihm abermals Reiswein an; dabei sagte er ihm, dass es eine Arznei sei. Als er (der Kranke) trinken wollte, war wieder wie beim vorigen Male eine (kleine) Schlange im Wein und diesmal machte er seinen Gastgeber darauf aufmerksam. Da wies der Gastgeber auf die Decke über seinem Gast, und als der Mann hinaufblickte, sah er dort eine Armbrust hängen. Da wusste er, dass die Schlange, die er auch beim vorigen Mal gesehen hatte, die Spiegelung der Armbrust war. Die Blicke der beiden Männer trafen sich und sie lachten. Gesprochen wurde nichts. Die Schmerzen des Kranken verschwanden auf der Stelle und er ward wie ehedem (gesund).

Also ist es auch mit dem Erwachen zum Buddha-Wesen. Der Patriarch Yôka hat gesagt: »Wenn ihr das Wahre Wesen klar erkennt, so gibt es weder menschliches Bewusstsein noch Dinge und im gleichen Augenblick werden höllische Werke ausgelöscht.« Ebendieses Wahre Wesen ist der Ursprung aller Geschöpfe.

ZEN-MEISTER BASSUI TOKUSHO (1327–1386)

Zen-Übung bedeutet nicht, begriffliche Unterscheidungen zu treffen, sondern die eigenen vorgefassten Meinungen und Urteile und die heiligen Texte und alles Übrige über Bord zu werfen und die Schichten von Ablagerungen zu durchstoßen, die die Quelle des Selbst verdecken. Alle Heiligen haben sich von jeher nach innen gewandt und haben im Selbst gesucht und dadurch sind sie über alle Zweifel hinausgelangt. Sich nach innen wenden bedeutet, vierundzwanzig Stunden am Tag und in jeglicher Situation die Schichten, die das Selbst bedecken, eine nach der anderen zu durchstoßen und tiefer und tiefer zu dringen, hin zu einem unbeschreiblichen Ort. Dies ist dann der Fall, wenn das Denken zu einem Ende findet und alles Unterscheiden aufhört, wenn falsche Ansichten und Meinungen von selbst verschwinden, ohne dass man sie zu vertreiben bräuchte, und wenn sich das wahre Handeln und der wahre Impuls, ohne angestrebt worden zu sein, von sich aus einstellen. Dies geschieht, wenn man die Wahrheit des Herzens kennt.

DAIKAKU (1213–1279)

Einer der wirksamsten Ansatzpunkte der »kunstvollen Mittel« besteht darin, *die Wesen aus ihrem Eingesperrtsein in Wissen und Vorurteile zu befreien*. Wir klammern uns oft krampfhaft an unser Wissen, unsere Gewohnheiten und unsere Vorurteile. Im Zen soll die Sprache es fertig bringen, uns davon zu befreien. Man ist im Buddhismus der Auffassung, das Wissen sei das größte Hindernis für das Erwachen. Wenn wir in der Falle unseres Wissens sitzen, haben wir keine Möglichkeit mehr, ihr zu entrinnen und das Erwachen zu erfahren. Das *Sutra der einhundert Gleichnisse* erzählt die Geschichte von einem jungen Witwer, der eines Tages heimkam und sein Haus war niedergebrannt und sein fünfjähriger Sohn verschwunden. Neben den Ruinen seines Hauses lag der verkohlte Leichnam eines Kindes, den er für denjenigen seines Sohnes hielt, und er weinte unaufhörlich. Nach der Einäscherung des Kindes verwahrte er die Asche in einem Beutel und trug diesen Tag und Nacht bei sich. Aber sein Sohn war in Wirklichkeit gar nicht in dem Feuer umgekommen. Räuber hatten ihn verschleppt und eines Tages konnte er ihnen entlaufen und zu seinem Vaterhaus zurückkehren. Der Junge kam um Mitternacht dort an, als sein Vater, der immer noch den Aschenbeutel mit sich herumtrug, gerade zu Bett gehen wollte. Der Sohn klopfte an die Tür. »Wer da?«, fragte der Vater. »Dein Sohn.« – »Du lügst. Mein Sohn ist vor mehr als drei Monaten gestorben.« Der Vater beharrte auf seiner Überzeugung und war nicht dazu zu bewegen, die Tür zu öffnen. Schließlich musste das Kind wieder gehen und der arme Vater verlor seinen Sohn für immer.

THICH NHAT HANH

Gib alle weltlichen und alle religiösen Meinungen auf, und mögen sie noch so sehr durch kulturspezifische Erwartungen, durch das Studium heiliger Schriften oder durch Meditationserfahrungen gestützt sein. Gib Marktplatz und Kloster auf. Jeder Gedanke, wie sublim er auch sei – etwa die sich spontan manifestierende Erleuchtung sämtlicher Phänomene –, bleibt in der zweideutigen Sphäre der Meinung und Erörterung befangen. Sublime wie weltliche Gedanken sind gleichermaßen lachhaft und dasselbe gilt für den dummen Zustand des Nichtdenkens. Wir müssen diese Situation sehr aufmerksam und gründlich durchleben.

Es ist verantwortungslos und unvollständig, in der Reinheit und Klarheit der Leere zu verweilen. Es ist nie eine Lösung, in Schweigen zu verharren oder Meditation, Studium und strikte Debatte aufzugeben. Ein chinesischer Zen-Meister berichtete, dass er nach dreißig Jahren unerbittlicher spiritueller Forschung endlich erkannt habe, wie albern es sei, »Körper und Geist in transzendenter Reinheit zu verstecken«.

LEX HIXON

Das Selbst benutzen heißt, es zu vergessen. Ängstlichkeit verwandelt sich in entschlossenes Handeln. Alles Grübeln verschwindet, alles Tagträumen verschwindet. Alle Wesen bereichern das Universum mit einzigartig mannigfaltiger Kreativität. Unsere Erfahrungen in Übung, Schulung und Verwirklichung wirken synergistisch zusammen, um dieser Bereicherung die größtmögliche Segenskraft zu verleihen. Es ist das vergessene Selbst, das dies leistet.

ROBERT AITKEN

Geburt, Alter, Krankheit und Tod, ebenso Glück und Unglück, Gewinn und Verlust, Liebe und Hass sind insgesamt wichtige Materialien zum Weben des Brokats des menschlichen Lebens. Brokat lässt sich nicht ausschließlich aus der einen Farbe des Glücks weben. Zeit, Ort und Gelegenheit vorausgesetzt, »enthält« alles »sämtliche Farben«. Auf ebendiese Weise wird das Reine Land, das Andere Ufer, manifest gemacht.

SHUNDO AOYAMA

Im Zazen ist man sein gegenwärtiges Selbst, das, was man war, und das, was man sein wird – alles zugleich. Ich erhalte einen Einblick in die mahayanistische Lehre der Nicht-Unterscheidung, wenn ich wahrnehme, dass schwarzes Polster, Kerzenflamme, Husten, Aufstoßen, Buddha, Weihrauchgeruch, Holzmaserung des Fußbodens, Kiefernzweig, stechender Schmerz – und ebenso das Gewahrsein all dieser Phänomene, sämtlicher Phänomene –, dass all diese Dinge gleich wichtig sind, den gleichen Wert besitzen. Und was sich am folgenden Tag wie eine weiche Seifenblase, die mehr und mehr anschwillt und lautlos zerplatzt, in meinem Geist auflöst, ist die Erkenntnis, dass »mein« Geist und alle Geister überall Manifestationen Eines Geistes sind, des Universalen Geistes, so wie eine Myriade von Vögeln, die in einem flinken Schwarm wie ein einziger Vogel fliegen, wie unzählige winzige Korallentierchen, die auf einem langen Riff mit den Gezeiten wogen – nicht eins und doch nicht verschieden – sich wie ein gewaltiges Geschöpf mit einer einzigen Seele ernähren.

PETER MATTHIESSEN

Still sitzen ist vielleicht nicht ganz das, was sich manche von uns unter einer »spirituellen Übung« vorgestellt haben. Wir haben vielleicht geglaubt, es müsse damit etwas Eindrucksvolleres gemeint sein. Aber diejenigen unter uns, die dies praktizieren, diejenigen unter uns, die in diesem Moment anwesend sind, wissen, dass es genau darum geht. Wenn man absolut still sitzt, sind Körper und Geist nicht getrennt. Unser Geist wird in diesem Zustand des Wahrhaft-anwesend-Seins, des Vollkommen-anwesend-Seins, in jedem Moment klarer. Und darin liegt eine große Heilkraft.

MAURINE STUART

Reglos sitzen,
nichts passiert.
Frühling kommt,
Gras wächst.

SOIKU SHIGEMATSU (ÜBERS.)

Gutes tun in der Hoffnung auf Lohn ist verunreinigte Tugend. Gutes tun ohne einen Gedanken an Lohn, indem man es der Erleuchtung weiht, ist nichtverunreinigte Tugend. »Verunreinigung« und »Nichtverunreinigung« beziehen sich auf den Geisteszustand des Täters, nicht auf die gute Tat selbst.

ZEN-MEISTER MUSO KOKUSHI (1275–1351)

Ein Zen-Schüler kam zu Bankei und klagte: »Meister, ich habe eine unbeherrschte Laune. Wie kann ich sie heilen?«

»Du hast etwas sehr Seltsames«, erwiderte Bankei. »Lass mich sehen, was du hast.«

»Ich kann sie Euch jetzt nicht zeigen«, sagte der andere.

»Wann kannst du sie mir zeigen?«, fragte Bankei.

»Sie kommt ganz unerwartet«, antwortete der Schüler.

»Dann«, folgerte Bankei, »kann sie nicht deine eigene wahre Natur sein. Wäre es so, dann könntest du sie mir jederzeit zeigen. Als du geboren wurdest, hattest du sie nicht und deine Eltern gaben sie dir nicht. Denke darüber nach.«

PAUL REPS

Haben wir erst einmal erkannt, dass die Buddha-Natur in allen Wesen so rein ist wie die Sonne hinter den Wolken, brauchen wir uns nur darum zu bemühen, dass der grundlegende wahre Geist vollkommen klar bleibt, damit die Wolken irrender Gedanken sich auflösen und die Sonne der Erkenntnis hervorstrahlt; was braucht man sich da noch groß Wissen anzueignen über die Leiden der Geburt und des Todes, über alle möglichen Lehrmeinungen und Prinzipien und über vergangene, gegenwärtige und künftige Dinge? Es ist, wie den Staub von einem Spiegel zu wischen; sobald der Staub ganz beseitigt ist, scheint die Klarheit von selbst auf.

Somit ist alles, was der gegenwärtige unerleuchtete Geist lernt, ohne jeden Wert. Wenn du ein klares achtsames Gewahrsein aufrechterhalten kannst, dann ist das, was dieser ungekünstelte Geist lernt, wahre Gelehrtheit.

Doch auch wenn ich dies wahre Gelehrtheit nenne, wird letztendlich nichts gelernt. Warum? Weil sowohl das Selbst als auch das Nirvana leer sind; es gibt keine zwei mehr, nicht einmal eines. Somit wird nichts gelernt. Aber auch wenn die Phänomene wesenhaft leer sind, ist es notwendig, den grundlegenden wahren Geist mit vollkommener Klarheit zu bewahren, weil dann keine täuschenden Gedanken entstehen und Ichsucht und Besitzdenken verschwinden. Die ›Nirvana-Schrift‹ sagt: »Wer weiß, dass der Buddha nichts lehrt, der heißt ein vollkommener Gelehrter.« Daher wissen wir, dass die Bewahrung des grundlegenden wahren Geistes die Quelle aller heiligen Schriften ist.

CH'AN-MEISTER HONGREN (602–675)

Wenn du sehen willst, dann bedecke deine Augen nicht mit Stoff, Händen oder Lidern. Die kostbaren leiblichen Augen sind ihrem Wesen nach hell und klar. Sie brauchen nur frei und unverhüllt zu bleiben. Das Verdienst für klares Sehen gehört nicht den Augen … Die Augen erheben diesbezüglich keinerlei Ansprüche. Die Augen wenden keine kontemplativen Techniken an, um sehen zu können, noch legen sie das Gelübde ab, zu sehen, oder suchen nach altruistischen Gründen für das Sehen. Sie sehen einfach. Von Natur aus. Spontan. Freudig. Solange man nicht sehr müde oder krank ist, verlangt es keine bewusste Mühe, um die Augen offen zu halten. Sehende Augen sind offene Augen, offene Augen sehende Augen. Nach langer mühsamer Meditation gelangt man zur Mühelosigkeit unmittelbaren Sehens, nicht nur mittels seiner leiblichen Augen, sondern mittels seines ganzen Wesens. Nachdem man den Bogen gespannt hat, braucht man den Pfeil nur loszulassen. Er wird mit Sicherheit von selbst fliegen.

LEX HIXON

Ein los
gelassner Pfeil
kehrt nicht
zurück.

SOIKU SHIGEMATSU (ÜBERS.)

Meister Joshu und der Hund
Wahrhaft gigantisch, deren Dämlichkeit.
Sein und Nichtsein zu guter Letzt
Vernichtet, sprich das letzte Wort.

ZEN-MEISTER SOEN (1859–1919)

In Nan Ch'üans Kloster zankten sich die Mönche der östlichen und der westlichen Halle wegen einer Katze. Als Nan Ch'üan [Nansen, 748–835] das sah, packte er die Katze und sagte: »Wenn ihr sprechen könnt, werde ich sie nicht töten.« Niemand erwiderte etwas; Nan Ch'üan schnitt die Katze entzwei.

Kommentar
Jetzt sag mir, wer hat denn nun eigentlich die Katze getötet? Als Nan Ch'üan sie hochhielt und sagte: »Wenn ihr sprechen könnt, werde ich sie nicht töten«, wenn in dem Moment plötzlich jemand da gewesen wäre, der sprechen konnte, hätte Nan Ch'üan sie dann getötet oder nicht getötet? Deswegen sage ich: »Wenn der wahre Befehl in Kraft tritt, sind alle zehn Richtungen unterworfen.« Steck den Kopf aus der Himmelskuppel und sieh nach; wer ist da?

Tatsache ist, dass er in dem Moment wirklich nicht tötete. In dieser Geschichte geht es nicht um Töten oder Nichttöten …

›NIEDERSCHRIFT VON DER BLAUGRÜNEN FELSWAND‹

Alle Buddhas und alle empfindenden Wesen sind nichts als der Eine Geist, außerhalb dessen nichts existiert. Dieser anfangslose Geist ist ungeboren und unzerstörbar. Er ist nicht grün oder gelb und er hat weder Form noch Aussehen. Er gehört nicht zur Kategorie der Dinge, die existieren oder nicht existieren, ebenso wenig kann er in Begriffen wie »neu« oder »alt« vorgestellt werden. Er ist weder lang noch kurz, weder groß noch klein, da er alle Bestimmungen, Maße, Namen, Spuren und Vergleiche transzendiert. Er ist das, was du vor dir siehst – fang an, darüber nachzudenken, und du befindest dich augenblicklich im Irrtum. Er ist wie die grenzenlose Leere, die weder auszuloten noch zu durchmessen ist. Der Eine Geist allein ist der Buddha und es besteht kein anderer Unterschied zwischen dem Buddha und den empfindenden Wesen als der, dass empfindende Wesen an Formen haften und so außerhalb ihrer selbst nach Buddhaschaft suchen. Gerade durch ihr Suchen verlieren sie sie aber, denn das bedeutet, den Buddha zu benutzen, um nach dem Buddha zu suchen, und den Geist zu benutzen, um den Geist zu fassen. Selbst wenn sie ein ganzes Äon lang ihr Äußerstes täten, würden sie es doch nicht schaffen. Sie wissen nicht, dass es genügt, das begriffliche Denken einzustellen und ihre Befasstheit zu vergessen, damit der Buddha vor ihnen erscheint, denn dieser Geist ist der Buddha und der Buddha ist alles Lebendige. Er ist um nichts darum geringer, dass er sich in gewöhnlichen Dingen manifestiert, und er ist um nichts darum gewaltiger, dass er sich in den Buddhas manifestiert.

ZEN-MEISTER HUANG PO (9. JAHRHUNDERT)

Eine gute und eine schlechte Nachricht. Die gute Nachricht ist, dass wir Buddha sind; die schlechte, dass alle Wesen Buddha sind. Die Krankheit des Menschseins ist, einzigartig sein zu wollen. Jeder von uns bemüht sich, in irgendeiner Hinsicht der Einzige zu sein. Jeder von uns würde gern das Universum so einrichten, dass es sich um ihn und ihn allein dreht. Die Vorstellung, dass wir genau dasselbe wie der Rest der Menschheit und sämtliche Wesen sind, ist für uns fast inakzeptabel. Eine einfache Methode, Anspruch auf Einzigartigkeit zu erheben, ist, anderer Leute Aufmerksamkeit zu erregen …

Manche kommen zum Zen, weil sie sich von der spirituellen Übung den lang ersehnten Beweis erhoffen, dass sie doch etwas Besonderes sind. Manche schaffen es, länger, besser, gerader als jeder andere zu sitzen … Solange wir, und wenn auch noch so insgeheim, Gedanken hegen wie: »Wird es nicht toll sein, wenn ich erst mal erwacht bin?«, »Wird nicht alles einfach sein, wenn ich erst erleuchtet bin?«, »Was werde ich wohl allen erzählen, wenn ich zum Erwachen gelangt bin?«, errichten wir Barrieren. Es ist vielmehr die Aufopferung der Einzigartigkeit, die immerwährende Aufgabe seiner selbst, die zum Erwachen führt. Und diese Arbeit lässt sich nur heimlich leisten – in aller Stille, ohne viel Trara.

Der einzige wahre Weg, uns selbst als das unberührte Eine zu erkennen, besteht darin, das Leiden zu akzeptieren, das daher rührt, dass wir nicht in dem Sinne einzigartig sind, wie wir es gerne wären; ja dass wir in unzähligerlei Hinsicht ganz gewöhnlich sind.

ALBERT LOW

Wollt ihr der Pein des »Rad-des-Lebens« entrinnen, müsst ihr unmittelbar den Weg, ein Buddha zu werden, erlernen. Diesen Weg, ein Buddha zu werden, müsst ihr im Eigenen Geiste durch Satori verwirklichen. Was denn ist dieser Geist? Ehedem vor der Geburt von Vater und Mutter und also auch vor der eigenen Geburt bestand er und besteht immerdar bis heute unwandelbar und ewig als das ursprüngliche Wesen aller Geschöpfe. Also wird er Ur-Antlitz genannt. Dieser Geist ist von Anbeginn von lauterster Reinheit. Wird dieser Leib geboren, so wird jener nicht neu erschaffen; und stirbt dieser Leib, geht er nicht zugrunde. Er trägt kein Merkmal von Männlich oder Weiblich noch hat er eine Färbung von Gut oder Böse. Da kein Gleichnis ihn erreicht, wird er Buddha-Wesen genannt. Indessen, Zehntausende von Gedanken-Vorstellungen entstehen aus diesem Selbst-Wesen gleich wie Wogen im großen Meer, gleich wie Abbilder in einem Spiegel …

Ein Beispiel: Ein kleines Kind liegt schlafend neben seinem Vater. Es träumt, dass es geschlagen wird oder krank wurde und Schmerzen leidet. Wie sehr das Kind auch leiden mag, so kann doch niemand in den träumenden Sinn eines anderen blicken, auch Vater und Mutter nicht, und sie können ihm also nicht helfen. Könnte das Kind sich allein aus dem Traum aufwecken, so wären seine Leiden augenblicklich von selbst zu Ende. Das heißt: Wer durch Erleuchtung erkennt, dass der Eigene Geist Buddha ist, befreit sich auf der Stelle vom Rad-des-Lebens (d. h. von den Leiden, die sich aus der Unwissenheit über das Gesetz unaufhörlicher Wandlungen in den Sechs Bereichen des Daseins ergeben).

ZEN-MEISTER BASSUI TOKUSHO (1327–1386)

Es gibt eine alte Sufi-Geschichte von einem Mann, der nachts auf der dunklen Straße seinen Schlüssel verlor und dann auf der anderen Straßenseite unter der Laterne, wo es hell war, danach suchte. Als ein Freund ihn fragte, warum er unter der Laterne suche und nicht dort, wo er den Schlüssel verloren habe, antwortete er: »Ich suche hier, weil es hier heller ist.« Genau das machen wir mit unserem Leben: Wir suchen immer im vertrauten Rahmen. Wenn wir ein Problem haben, befolgen wir das vertraute Rezept: denken, grübeln, analysieren, unser verrücktes geschäftiges Leben aufrecht erhalten, denn daran sind wir gewöhnt. Wir lassen uns nicht davon irritieren, dass es nicht funktioniert. Wir suchen nur noch entschlossener im Licht der Laterne. Wir haben kein Interesse an dem Leben außerhalb von Raum und Zeit, während wir die Welt von Raum und Zeit ununterbrochen erschaffen. Es interessiert uns nicht, ja es erschreckt uns sogar.

CHARLOTTE JOKO BECK

Wenn ihr eine Straße entlanggeht und euch eine große Anzahl von Menschen entgegenkommt, verschwendet keiner von euch einen Gedanken daran, den anderen auszuweichen, und dennoch stoßt ihr nicht miteinander zusammen. Ihr werdet nicht umgeworfen oder in Grund und Boden getrampelt. Ihr schlängelt euch einfach zwischen den Entgegenkommenden durch, ohne diesbezüglich irgendwelche bewussten Entscheidungen zu treffen, und schafft es dennoch, euren Weg ohne irgendwelche Zusammenstöße fortzusetzen. Ganz genauso wird die wunderbare Erleuchtetheit des ungeborenen Buddha-Geistes mit jeder möglichen Situation auf makellose Weise fertig.

ZEN-MEISTER BANKEI (1622–1693)

Es gab einmal einen Mönch, der in meinem Tempel einnickte. Ein anderer Mönch sah dies und drosch mit einem Stock herzhaft auf ihn ein. Ich schalt ihn: »Warum schlägst du ihn, nur weil er ein schönes Nickerchen macht? Meinst du vielleicht, er verlässt den Buddha-Geist und geht woandershin, wenn er einschläft? … Wenn man wach bleibt, bleibt man wach. Wenn man schläft, schläft man. Wenn du schläfst, dann schläfst du in demselben Buddha-Geist, in dem du wach warst. Wenn du wach bist, bist du im selben Buddha-Geist wach, in dem du geschlafen hast. Du schläfst im Buddha-Geist, wenn du schläfst, und spazierst im Buddha-Geist herum, wenn du herumspazierst. So bleibst du ständig im Buddha-Geist. Du bist nie auch nur für einen Augenblick von ihm getrennt.«

ZEN-MEISTER BANKEI (1622–1693)

Glossar

Achtfacher (achtteiliger, achtfältiger) Pfad Der aus den folgenden acht Gliedern bestehende, vom Buddha gelehrte Weg zur Erlösung von → dukkha: Rechtes Handeln, → Rechte Rede, → Rechter Lebenserwerb, → Rechtes Denken, → Rechte Erkenntnis, → Rechte Achtsamkeit, → Rechte Sammlung und → Rechte Anstrengung.

Bedingtes Entstehen Die wechselseitige Bezogenheit und Abhängigkeit aller Dinge, die bewirkt, dass alles Entstehende alles andere beeinflusst; auch Entstehen in Abhängigkeit genannt.

Bodhisattva »Erleuchtungswesen«, jemand, der die höchste Erleuchtung erreicht hat, aber darauf verzichtet, ins → Nirvana einzugehen, solange nicht alle Wesen vom Leiden (→ dukkha) befreit worden sind; im Mahayana auch jemand, der das Gelübde ablegt, ein solcher zu werden.

Bodhisattva-Gebote Sechzehn Gebote, die in die → Drei Kleinodien, die → Drei reinen Gebote und die → Zehn ernsten Gebote zerfallen.

Buddha Der »Erwachte«, die historische Gestalt → Siddhartha Gautama.

Buddha-Geist Der Geist des Nicht-Wissens, des Einsseins, des vollkommenen Vertrautseins mit der wechselseitigen Bezogenheit und Durchdringung aller Dinge.

Buddha-Halle Eine Halle, in der rituelle Kulthandlungen durchgeführt werden.

Dharma Die buddhistische Lehre; Dharma bedeutet auch Einzelphänomen oder allgemein das Phänomenale.

Dharma-Halle Die Halle, in der → Dharma-Reden gehalten werden.

Dharmakaya Das Einssein der Existenz des Buddha mit allen Dingen.

Dharma-Rede Eine Rede, in der ein Lehrer verschiedene Aspekte der Zen-Lehre und -Praxis darlegt.

Dokusan Ein zwischen einzelnen Meditationsperioden unter vier Augen geführtes Gespräch mit einem Lehrer.

Drei Kleinodien Mit dem → Buddha eins sein; mit dem → Dharma eins sein; mit dem → Sangha eins sein.

Drei Reine Gebote Nichts Böses tun; Gutes tun; für andere Gutes tun.

Dukkha Der Pali-Ausdruck, mit dem das Gefühl der Unzufriedenheit, des Unbehagens und der Ungeduld umschrieben wird, das alles Bedingte, Nicht-Erleuchtete – und damit unser normales Dasein – kennzeichnet; oft mit »Leiden« oder »Leidhaftigkeit« übersetzt.

Erleuchtung Die Erkenntnis des eigenen wahren Wesens und die Erfahrung des Einsseins mit allen Dingen; die Befreiung von der Illusion eines gesonderten Selbst.

Gassho Verneigung mit auf Brusthöhe flach aneinander gelegten Händen.

Gatha (»Lied«) Einzelstrophen oder längere Gesänge, die gewöhnlich im Rahmen von Ritualen rezitiert werden.

Hako Schachtel, in der das bei Ritualen verwendete Räucherwerk aufbewahrt wird.

Han Ein Brett, das mit einem Stock angeschlagen wird, um den Beginn der nächsten Meditationsperiode anzukündigen.

Hara (»Bauch«) Der Bereich knapp unterhalb des Bauchnabels, der im Zen als die Mitte des Körpers und der ganzen Person gilt.

Karma »Werk«, und zwar sowohl als Handlung wie als deren Resultat zu verstehen, einzeln oder als »Gesamtguthaben«; Ursache und Wirkung.

Kinhin In der Gruppe – im Kreis oder geradeaus – ausgeführte Gehmeditation.

Koan Eine paradoxe Aussage oder Erzählung, die der Logik zuwiderläuft und vor allem von Meistern der → Rinzai-Schule als Übungsgegenstand verwendet wird.

Kyosaku Ein – das Schwert des → Manjushri symbolisierender – knapp 1 m langer abgeflachter »Erweckungs-Stock«, mit dem die Meditierenden während längerer Perioden des Sitzens zur Ermunterung und zum Ansporn auf Schultern und Rücken geschlagen werden.

Leere Japanisch ku (»Himmel«, »Nichts«), das wahre Wesen aller Phänomene, insofern als sie bedingt entstehen und vergänglich sind und somit kein eigenes Sein besitzen; das von aller Dualität und allen Merkmalen freie Absolute.

Mahayana Die Tradition des »Großen Fahrzeugs«, zu der unter anderem auch Zen und der tibetische Buddhismus gehören und deren Ideal der für die Erlösung aller Wesen arbeitende → Bodhisattva ist.

Manjushri Der → Bodhisattva der Weisheit – die Personifizierung des Buddha-Bewusstseins, die das Schwert erhebt, um alle Täuschung »abzuschneiden«.

Mara »Mörder«, die Personifizierung des Todes; im weiteren Sinne Manifestation all dessen, was uns von der Erleuchtung abhält, und speziell unseres Geistes.

Nicht-Wissen Zustand, in dem die Trennung zwischen dem »Wissenden« und dem Gewussten, zwischen dem Subjekt und dem Objekt der Erkenntnis aufgegeben worden ist; es gibt nichts zu wissen, da man »es« selbst ist.

Nichtzweiheit, Nichtdualität Das Freisein von einem gesonderten Selbst, also von der Wahrnehmung der Dinge als von einem selbst verschieden.

Nirvana Wörtlich »das Verwehen« – Zustand, in dem alles Begehren verloschen ist und kein Wunsch mehr besteht, dass die Dinge anders wären, als sie tatsächlich sind.

Oryoki Die zeremonielle Handhabung der Essschalen während der schweigend eingenommenen Mahlzeiten in einem

Zen-Kloster; das zeremonielle Einnehmen dieser Mahlzeiten.

Rechte Achtsamkeit Sich all dessen, was man in seinem Leben körperlich und geistig tut, stets voll bewusst sein.

Rechte Anstrengung Immer und immer wieder nach Achtsamkeit streben, insbesondere in der Meditation.

Rechte Erkenntnis Die Welt so ansehen, dass man das Leben in Weisheit und Erbarmen führen kann.

Rechte Rede Auf eine Weise reden, die kein Leiden verursacht.

Rechter Lebenserwerb Seinen Lebensunterhalt durch keine Tätigkeit verdienen, die einen Verstoß gegen buddhistische Gebote impliziert.

Rechte Sammlung Versenkung, Meditation; sich die Zeit nehmen, »in sich zu gehen« und wahrhaft der Funktionen von Körper und Geist gewahr zu werden; sich gestatten, loszulassen und einfach in großer Leere zu verweilen.

Rechtes Denken Seine Gedanken fest auf die Befreiung vom Rad des Leidens und Begehrens gerichtet halten.

Rinzai-Schule Eine der zwei in Japan noch heute lebendigen Schulen des Zen (die andere ist → Soto); sie geht auf den großen chinesischen Meister Lin-chi zurück und misst dem Studium von → Koans große Bedeutung zu. In ihren Klöstern wird eine energische, aktive Lebensweise gepflegt.

Roshi Wörtlich »alter (verehrter) Meister« – ein Ehrentitel, der in manchen Traditionen nach vielen Jahren des Lehrens als höchste Auszeichnung verliehen wird.

Samadhi Die meditative Sammlung des Geistes auf ein einziges Objekt.

Samsara Der Kreislauf der Wiedergeburten; die Welt der Phänomene; das gewöhnliche Leben.

Sangha Die Gemeinde – ursprünglich nur die einer bestimmten Ordensregel gehorchende Gemeinschaft der buddhistischen Mönche (später auch Nonnen); später auch die sie finanziell unterstützende Laienschaft und schließlich die Gemeinschaft aller buddhistischen Gläubigen.

Sensei »Lehrer«, Titel, aus dem hervorgeht, dass dessen Träger(in) von seinem/ihrem Lehrer die formelle Erlaubnis erhalten hat, selbst Schüler auszubilden.

Sesshin Regelmäßig abgehaltene längere (im Westen gewöhnlich sechs Tage andauernde) Perioden besonders strenger → Zazen-Übung.

Shakyamuni »Weiser (aus dem Clan) der Shakyas«, Ehrentitel des historischen Buddha.

Shikantaza Wörtlich »nichts als trefflich sitzen«; die reinste, von allen Hilfsmitteln und gedanklichen Stützen freie Form von → Zazen.

Siddhartha Gautama (Sanskrit; Pali Siddhattha Gotama) Der eigentliche Name des historischen Buddha.

Sila (Pali; Sanskrit shila) Der vor allem im → Theravada verwendete Terminus für »Sittlichkeit«, insbesondere → Rechte Rede, Rechtes Handeln und → Rechter Lebenserwerb.

Skandhas Die fünf »Gruppen«, aus denen sich die so genannte »Person« zusammensetzt: Form, Empfindungen, Wahrnehmungen, psychische Gestaltungen und Bewusstsein.

Soto-Schule Die neben der → Rinzai-Schule zweite große Schule des japanischen Zen; in ihr wird nicht mit Koans gearbeitet, sondern nur »reines Sitzen« (→ shikantaza) geübt.

Sutra Lehrrede des → Buddha; im Mahayana auch Schriften weit jüngeren Datums, die sich aber als solche Lehrreden darstellen.

Theravada Die »Lehre der [Ordens-]Ältesten«, die älteste buddhistische Tradition, im Westen vor allem durch die → Vipassana- oder »Einsichts-Meditation« bekannt; ihr Ziel ist die individuelle, persönliche Erlösung.

Tokudo »Ordination«, Zeremonie, durch die ein buddhistischer Mönch ordiniert wird, woraufhin er das Recht hat, bei Ritualen und Kulthandlungen zu amtieren.

Vier Edle Wahrheiten Die Quintessenz der Lehre des Buddha. 1. die Wahrheit vom Leiden: Alles Dasein ist leidvoll. 2. Die Wahrheit von der Entstehung des Leidens: Das Begehren, der Durst nach Sinnenlust, Werden und Vergehen sind die Ursache des Leidens.

3. Die Wahrheit von der Aufhebung des Leidens: Durch restlose Aufhebung des Begehrens kann dem Leiden ein Ende gesetzt werden.
4. Die Wahrheit von dem Weg zur Aufhebung des Leidens (→ dukkha). Dieser Weg ist der → Achtfache Pfad.

Vipassana »Einsicht«(-smeditation), wie sie im → Theravada praktiziert wird.

Zabuton Eine rund 50 mal 90 cm große Sitzmatte, die bei der Zen-Meditation – oft unter dem → zafu – verwendet wird.

Zafu Ein kleines, hartes, oft rundes Kissen, das bei der Meditation als Sitzunterlage dient.

Zazen Wörtlich »sitzen [in] Versunkenheit«, die Zen-Meditation.

Zehn Ernste Gebote Nicht töten; nicht stehlen; unerlaubte sexuelle Betätigung vermeiden; keine berauschenden Substanzen einnehmen; nicht über fremde Fehler und Irrtümer reden; sich nicht überheben; nicht geizig sein; nicht zornig sein; und nicht von den → Drei Kleinodien schlecht reden.

Zen Verkürzt aus zenna, der japanischen Lesung von ch'an-na (abgekürzt ch'an), was wiederum die chinesische Wiedergabe des Sanskritwortes dhyana, »Versenkung«, »Meditation«, ist.

Zendo Eine Halle, in der Zazen geübt wird.

Textnachweise

Die deutschen Übersetzungen folgender Texte wurden mit freundlicher Genehmigung der entsprechenden Verlage aus den genannten Büchern abgedruckt:

Beck, Charlotte Joko: *Einfach Zen.* © 1995 Droemer Knaur Verlag, München. Seite 66, 80, 204, 269

Beck, Charlotte Joko: *Zen im Alltag.* © 1990 Droemer Knaur Verlag, München. Seite 63, 100, 143, 156

Kapleau, Philip: *Die drei Pfeiler des Zen.* © 1979 alle deutschsprachigen Rechte by Scherz Verlag, Bern, München, Wien für den Otto Wilhelm Barth Verlag. Seite 96, 120, 187, 250, 268

Reps, Paul: *Ohne Worte – ohne Schweigen.* © 1976 alle deutschsprachigen Rechte by Scherz Verlag, Bern, München, Wien, für den Otto Wilhelm Barth Verlag. Seite 130, 154, 158, 177, 186, 191, 210, 260

Seung Sahn: *Buddha steht kopf.* © 1990 J. Kamphausen, Verlag & Distribution, Bielefeld. Seite 53, 76, 77, 136, 137, 174,

Suzuki, Shunryu: *Zen-Geist, Anfänger-Geist.* © 1975 Theseus Verlag, Zürich, München, Berlin. Seite 31, 71, 83, 92, 114, 246

Thich Nhat Hanh: *Das Diamant-Sutra.* © 1993 Theseus Verlag, Zürich, München, Berlin. Seite 184

Thich Nhat Hanh: *Innerer Friede – Äußerer Friede.* © 1988 Theseus Verlag, Zürich, München, Berlin. Seite 16

Thich Nhat Hanh: *Mit dem Herzen verstehen.* © 1989 Theseus Verlag, Zürich, München, Berlin. Seite 24

Thich Nhat Hanh: *Schlüssel zum Zen.* © 1996 Herder Verlag, Freiburg i. Br. Seite 51, 60, 163, 228, 252

Thich Nhat Hanh, *Unsere Verabredung mit dem Leben.* © 1991 Theseus Verlag, Zürich, München, Berlin. Seite 222, 223, 232

Der Verlag war bemüht, bezüglich der deutschen Übersetzungen alle Rechte Dritter zu wahren. Sollte trotz aller Anstrengungen ein Rechteinhaber nicht berücksichtigt worden sein, so werden beim Verlag berechtigt angemeldete Ansprüche selbstverständlich im Rahmen der üblichen Vereinbarungen abgegolten.

Alle übrigen Texte wurden von Giovanni und Ditte Bandini ins Deutsche übersetzt. Die englischen Originaltexte wurden mit freundlicher Genehmigung der entsprechenden Verlage aus folgenden Büchern und Quellen entnommen:

A First Zen Reader by Trevor Leggett. Copyright © 1960. Used by permission of Charles E. Tuttle Co., Inc., of Boston, Massachusetts, and Tokyo, Japan. Seite 56

A Primer of Soto Zen by Zen Master Dogen, translated by Reiho Masungaga. Copyright © 1971. Reprinted by permission of the University of Hawaii Press, Honolulu Hawaii. Seite 157

A Western Approach to Zen by Christmas Humphreys. Copyright © 1971, Quest Books, Wheaton, Illinois. Seite 110, 117, 124

A Zen Forest: Sayings of the Masters, translated by Soiku Shigematsu. Copyright © 1981. Used by permission of Weatherhill. Seite 25, 35, 81, 89, 107, 131, 185, 203, 230, 244, 258, 263

Buddhism. By Christmas Humphreys (Penguin Books, 1951, Third Edition, 1962). Copyright © Christmas Humphreys, 1951. Reproduced by permission of Penguin Books Ltd. Seite 48, 206

Cat's Yawn by Sokei-an. Copyright © 1947. Used by permission of the First Zen Institute of America, New York, New York. Seite 239

Dream Conversations on Buddhism and Zen. From *Dream Conversations on Buddhism and Zen*, translated by Thomas Cleary. Copyright © 1994. Reprinted by arrangement with Shambhala Publications, Inc., Boston. Seite 58, 160, 259

Encouraging Words. From *Encouraging Words* by Robert Aitken.

Copyright © 1993 by Robert Aitken. Reprinted by permission of Pantheon Books, a division of Random House, Inc. Seite 144, 183, 227, 254,

Getting the Buddha Mind by Ch'an Master Sheng-yen, edited by Ernest Heau. Copyright © 1982. Reprinted by permission of Dharma Drum Publications, Elmhurst, New York. Seite 34

Instructions for the Zen Cook. From *From the Zen Kitchen to Enlightenment* by Dogen and Uchiyama, translated by Thomas Wright. Reprinted by permission of Weatherhill © 1983. Seite 64, 117, 146, 192, 219

Living Buddha Zen. Reprinted by permission from *Living Buddha Zen.* Copyright © 1995 by Lex Hixon, published by Larson Publications, Burdett, New York. Seite20, 91, 103, 106, 139, 201, 253, 262

Minding Mind. From *Minding Mind*, translated by Thomas Cleary. Copyright © 1995. Reprinted by arrangement with Shambhala Publications, Inc., Boston. Seite 22, 115, 150, 198, 199, 261

Moon in a Dewdrop. Excerpts form *Moon in a Dewdrop: Writings of Zen Master Dogen*, edited by Kazuaki Tanahashi. Copyright © 1985 by the San Francisco Zen Center. Reprinted by permission of North Point Press, a division of Farrar, Straus & Giroux, Inc. Seite 15, 19, 26, 27, 94, 155, 175

Nine-Headed Dragon River: From *Nine-Headed Dragon River* by Peter Matthiessen. Copyright © 1985 Zen Community of New York. Reprinted by arrangement with Shambhala Publications, Inc., Boston, and with HarperCollins Publishers Ltd. Seite 256

O'Hara, Sensei Pat Enkyo. Village Zendo, New York City. Used with permission. Seite 28, 59, 86, 97, 104, 122, 133, 202

One Hand Clapping. By Rafe Martin and Manuela Soares. © 1995. Used by permission of Rizzoli International Publications, Inc. Seite 111, 205

One Hundred Butterflies. From *One Hundred Butterflies*, Broken Moon Press, 1992. Reprinted with permission from the author, Peter Levitt. Seite 44

Opening the Hand of Thought. From *Opening the Hand of Thought* by Kosho Uchiyama, translated by Shohaku Okunura and Tom Wright. Orig. Copyright © by Kosho Uchiyama. Used by permission of Penguin, a division of Penguin, Putnam Inc. Seite 29, 39, 41, 72, 138, 141, 145, 241

Platform Sutra of the Sixth Patriarch. From *Platform Sutra of the Sixth Patriarch,* edited by Philip B. Yampolsky. © 1978. Columbia University Press. Reprinted with the permission of the publisher. Seite 225

Sayings and Doings of Pai-chang by Thomas Cleary. Reprinted by permission of Center Publications, Zen Center of Los Angeles, California. Seite 123

Shobogenzo by Zen Master Dogen, translated by Thomas Cleary. Reprinted by permission of University of Hawaii Press, Honolulu. Seite 101, 112, 119

Sources of Japanese Tradition, Vol. I. From *Sources of Japanese Tradition, Vol. I,* edited by Wm. Theodore de Bary. Copyright © 1967. Columbia University Press. Reprinted with the permission of the publisher. Seite 21

Stopping and Seeing. From *Stopping and Seeing*, translated by Thomas Cleary. Copyright © 1997. Reprinted by arrangement with Shambhala Publications, Inc., Boston. Seite 52, 57, 200

Subtle Sound. From *Subtle Sound* by Maurine Stuart. Copyright © 1996 by Sherry Chayat. Reprinted by arrangement with Shambhala Publications, Inc., Boston. Seite 54, 61, 65, 82, 85, 147, 149, 168, 218, 224, 257

Sun Face Buddha: The Teachings of Ma-tsu and the Hung-chou School of Ch'an by Chen Chien Bhikshu. Copyright © 1994. Reprinted by permission of Asian Humanities Press, Fremont, California. Seite 129

The Blue Cliff Record. From *The Blue Cliff Record*, translated by Thomas Cleary & J.C. Cleary. Copyright © 1977. Reprinted by arrangement with Shambhala Publications, Inc., Boston. Seite 40, 49, 161, 167, 211, 265

The Buddhist Handbook. By John Snelling. Copyright © 1991. Reprinted by permission of Inner Traditions International, Rochester, VT, and Random Century, London. Seite 46

The Compass of Zen. From *The Compass of Zen* by Zen Master Seung Sahn. Copyright © 1997 by the Kwan Um School of Zen. Reprinted by arrangement with Shambhala Publications, Inc., Boston. Seite 17, 42, 47, 90, 173

The Gateless Barrier. Excerpts from *The Gatelesse Barrier: The Wu-men Kuan (Mumonkan)*, translated and with a commentary by Robert Aitken. Copyright © 1991 by Diamond Sangha. Reprinted by permissions of North Point Press, a division of Farrar, Straus & Giroux, Inc. Seite 18, 95, 195, 242

The Korean Approach to Zen: The Collected Works of Chinul by Zen Master Chinul, translated by Robert E. Buswell, Jr. Copyright © 1983. Reprinted by permission of the University of Hawaii Press, Honolulu. Seite 73

The Mind of Chinese Ch'an by Yi Wu. Copyright © 1989, Great Learning Publishing Company, San Francisco, California. Seite 162, 166, 231, 245

The Sutra of the Sixth Patriarch on the Pristine Orthodox Dharma, translated by Paul F. Fung. Copyright © 1964, Buddha's Universal Church, San Francisco, CA. Seite 179, 214

The Tiger's Cave by Soto Abbot Abora, translated by Trevor Leggett. Copyright © 1977. Reprinted by permission of Routledge and Kegan Paul, London. Seite 215, 226

The Transmission of the Lamp: Early Masters, translated by Sohaku Ogata. Longwood Academic Press, 1990. Seite 109, 217, 220, 247

The Unborn. Excerpts from *The Unborn: The Life and Teaching of Zen Master Bankei, 1622–1693*, translated and with an introduction by Norman Waddell. Reprinted by permission of North Point Press, a division of Farrar, Straus & Giroux, Inc. Seite 172, 270, 271

The Whole World Is a Single Flower by Seung Sahn. Copyright © 1960. Used by Permission of Charles E. Tuttle Co., Inc., of Boston, Massachusetts, and Tokyo, Japan. Seite 196

The Wisdom of the Zen Masters by Timothy Freke. Produced for Journey Editions/Periplus Editions, Boston by Godsfield Press Limited, UK. Copyright © 1998. Seite 102, 137

The World of Zen. From *The World of Zen* by Nancy Wilson Ross. Copyright © 1960 by Nancy Wilson Ross. Reprinted by permission of Vintage Books, a Division of Random House Inc., and by Harold Ober Associates Incorporated. Seite 50, 176, 181, 189, 238, 243

The Zen Teachings of Huang Po, translated by John Blofeld. Copyright © 1958 by John Blofeld. Used by permission of Grove/Atlantic, Inc. Seite 70, 99, 127, 128, 140, 249, 266

Thousand Peaks: Korean Zen – Traditions and Teachers, rev. ed., by Mu Soeng. Copyright © 1991. Reprinted by permission of Primary Point Press, Cumberland, Rhode Island. Seite 62, 84, 98, 113, 118, 121, 142, 164, 165, 190, 233, 234

Warner, Jisho. Stone Creek Zendo, Sebastopol, California. Used with permission. Seite 33, 37, 55, 68, 132, 169

Zen and the Way by Trevor Leggett. Copyright © 1987. Used by permission of Charles E. Tuttle Co., Inc., of Boston, Massachusetts, and Tokyo, Japan. Seite 251

Zen Essence. From *Zen Essence*, translated by Thomas Cleary. Copyright © 1989. Reprinted by arrangement with Shambhala Publications, Inc., Boston. Seite 69, 75, 78, 125, 148, 197, 221

Zen in America by Helen Tworkov. Kodansha America, 1994. Used with permission. Seite 30, 32, 74, 182

Zen Poems of China and Japan. From *Zen Poems of China and Japan: The Crane's Bill* by Lucien Stryk, Takashi Ikemoto, and Taigan Takayama. Copyright © 1973 by Lucien Stryk. Used by permission of Doubleday, a division of Bantam Doubleday Dell Publishing Group, Inc. Seite 93, 126, 134, 178

Zen Seeds by Shundo Aoyama. Copyright © Kosei Publishing Company, Tokyo, Japan. Reprinted by permission. Seite 38, 45, 79, 188, 193, 194, 213, 216, 255

Zen Teaching of Instantaneous Awakening. Master Hui Hai, *Zen Teach-*